Christa Garms-Babke

GEGENKURS Atommüll

Über die Autorin

Christa Garms-Babke, Jahrgang 1947, verheiratet mit dem Theologen Prof. Dr. Hans-Georg Babke, 3 Kinder

Diplom Sozialwissenschaften 1999

Promotion Politikwissenschaften 2001

Ratsfrau in Salzgitter 1990/91 und 2011 – 2016 für Bündnis 90/Die Grünen

Gründung der Bürgerinitiative ›Söltersche gegen Konrad‹ 1994

Vernetzung des Widerstands im ›Bündnis Salzgitter gegen Konrad‹ 1997

Dozentin für politische Bildung Volkshochschule Salzgitter 2007 – 2020

Co-Leitung von Studienfahrten, insbesondere in den Nahen Osten

Christa Garms-Babke

GEGENKURS

Atommüll in Schacht Konrad
und kommunalpolitische Fehlentwicklungen
1986 – 2016

Die Bibliografische Information der Deutschen Nationalbibliothek

Die Deutsche Nationalbibliothek verzeichnet diese Publikation in der Deutschen Nationalbibliografie; detaillierte bibliografische Daten sind im Internet über www.d-nb.de abrufbar.

Einbandgestaltung unter Verwendung eines Fotos der
© BGE | Bundesgesellschaft für Endlagerung mbH.
Druck und Herstellung: Books on Demand, Norderstedt

ISBN 978-3-934969-95-7

Inhaltsverzeichnis

Vorwort

Menschliche Existenz ist kontingent. Zufällig sind wir hier und leben jetzt in dieser Zeit und dieser Umgebung und nicht in einer anderen.

Wir sind kontingent, weil wir endliche Geister sind. Wir wissen, dass wir sterben müssen. Niemand von uns endlichen Geistern lebt notwendigerweise. An uns selber existieren wir nicht notwendig. In der endlichen Welt gibt es keine absolute Notwendigkeit an sich, die aus sich selber wäre. Aber es gibt eine jeweils in die Zukunft gerichtete relative Notwendigkeit für andere und für anderes. Beispielsweise waren unsere Eltern eine notwendige Bedingung für unsere Existenz, obwohl sie aus sich heraus genauso wenig notwendig existierten, wie wir existieren. Und mit unserer Existenz, mit unserem Tun und Unterlassen erzeugen wir Wirkungen, die ohne uns nicht wären. In der Beziehung zu den Wirkungen unserer Existenz sind wir relativ notwendig.

Hans-Georg Babke

„Politik (…) ist etwas, was für menschliches Leben eine unabweisbare Notwendigkeit ist, und zwar sowohl für das Leben des Einzelnen wie das der Gesellschaft."
(Hannah Arendt)[1]

Einleitung

30 Jahre lang, bis zu meinem Umzug 2017, war ich im Widerstand gegen das geplante Atommüllendlager Schacht Konrad an meinem damaligen Wohnort in Salzgitter aktiv. In dieser Zeit gab es viele Ereignisse, die mir Hoffnung machten, dieses Projekt verhindern zu können, aber noch mehr Enttäuschungen, weil es genehmigt wurde und alle Klagen bis in die höchstrichterlichen Instanzen hinein abgewiesen wurden. Von daher ist es ein Wunder, dass ich nicht völlig resigniert bin und mein Engagement nicht aufgegeben habe. Ich habe mich entschlossen, als Beteiligte und Zeitzeugin über diese Phase des Konrad-Widerstands, über politische Entscheidungen, das Genehmigungsverfahren zu Konrad, die juristischen Verfahren, das Engagement der Bürgerinitiativen und meine Erfahrungen auf parteipolitischer und kommunalparlamentarischer Ebene zu berichten.

---

1 Arendt, Hannah (1906 – 1975), Was ist Politik? Fragmente aus dem Nachlaß, 1993, S. 36.

Für meinen Entschluss gibt es drei Beweggründe. Ich möchte, dass das Wissen über die Entwicklungen im Konrad-Verfahren erhalten bleibt. Das Wissen über politische Entscheidungen, mit denen wider alle Vernunft an der nicht-rückholbaren Endlagerung in Konrad festgehalten wurde, über die Farce von Öffentlichkeitsbeteiligung im Planfeststellungsverfahren und die von politischen Erwägungen offensichtlich nicht unbelasteten juristischen Verfahren.

Des Weiteren möchte ich mit dem Aufzeigen der Erfolge und bitteren Niederlagen im Verlauf der 30 Jahre denen Mut machen, die in ihrem Engagement ähnlich bittere Erfahrungen machen. Mut, nicht zu resignieren, sondern weiterzumachen.

Der dritte Grund für meinen Bericht ist die von meinem Mann im Vorwort erläuterte Kontingenzbewältigung. Die sich mit zunehmendem Alter aufdrängenden Gedanken der eigenen Endlichkeit machen Angst; die Erkenntnis der Nichtnotwendigkeit der eigenen Existenz an sich ist nicht einfach. Dieser Erkenntnis und der Angst setze ich meine relative Notwendigkeit für andere und anderes entgegen, mache mir bewusst, wo ich Wirkkraft entfaltet habe, wo ich erfolgreich und nicht erfolgreich gewesen bin. Mit meinem Wirken werde ich meiner relativen Notwendigkeit gewahr und kann meinem endlichen Leben einen

Sinn abgewinnen. Beides, mein politisches Handeln und meine Reflexion darauf, dienen so der persönlichen Kontingenzbewältigung.

1 Wie alles begann

Bis zum Jahr 1986 war ich politisch wenig interessiert, von meiner Mitarbeit in der Personalvertretung in einer kirchlichen Behörde abgesehen. Das sollte sich schlagartig ändern durch die Reaktorkatastrophe von Tschernobyl (heute Ukraine) im Jahr 1986. Gebannt und ängstlich verfolgte ich in den darauffolgenden Tagen, wie sich die radioaktive Wolke über den Globus verbreitete und ob die Hauptdrift auch meinen damaligen Wohnort Hannover erreichen würde. Ich erinnere mich noch gut an den Himmelfahrtstag, an dem ich mit meinem späteren Mann einen Open-Air-Gottesdienst in Salzgitter-Bad besuchte. Trotz des strahlendblauen Himmels waren wir uns der unsichtbaren Gefahr bewusst, die über uns schwebte. Der Widerspruch zwischen den Verbotsmaßnahmen, wie z.B. dem Verzehr von Gartenfrüchten und der Sperrung von Kinderspielplätzen, und der Beschwichtigungspolitik der sowjetischen Regierung, zu der die Ukraine damals noch gehörte, weckten in mir die Zweifel an der auch in Deutschland propagierten Ungefährlichkeit der Kernenergie. Später wurde dann das Ausmaß der Katastrophe mit den vielen Strahlenopfern bekannt.

Die Reaktorkatastrophe in Tschernobyl und ihre Folgen haben sich tief in mein Bewusstsein eingegraben und wurden Ausgangspunkt meines politischen Engagements gegen Schacht Konrad. Offenbar sind Anlässe erforderlich, die mit starken Gefühlen wie z.B. Angst verbunden sind und durch die bisher fraglose Gewissheiten erschüttert werden. Meine dadurch geweckte Aufmerksamkeit gegenüber der Atomenergiepolitik richtete sich daher auf das geplante Atommüllendlager in Salzgitter, meinem neuen Wohnort.

Grundlegend für meinen praktisch-politischen Widerstand gegen Schacht Konrad war die wissenschaftliche Auseinandersetzung mit den Planunterlagen dieses Projekts. Meine spätere Diplomarbeit und meine Dissertation mit dem Titel „Die Unvereinbarkeit nicht-rückholbarer Endlagerung radioaktiver Abfälle mit dem Grundgesetz“[2] befassten sich mit dieser Anlage. Anregungen und Ermutigung für meine wissenschaftliche Bearbeitung des Konrad-Projekts erhielt ich im Hinblick auf erkenntnis- und wissenschaftstheoretische sowie ethische Aspekte von meinem Mann, Hans-Georg Babke, zu den demokratietheoretischen und verfassungsrechtlichen Fragestellungen von meinem mittlerweile verstorbenen Doktorvater Jürgen Seifert. Beiden habe ich viel zu verdanken,

---

2 Garms-Babke, Christa, Die Unvereinbarkeit nicht-rückholbarer Endlagerung radioaktiver Abfälle mit dem Grundgesetz – Am Beispiel von Schacht Konrad, Peter Lang, Europäischer Verlag der Wissenschaften, Frankfurt am Main 2002.

gerade auch dann, wenn mein Wille zur Weiterbeschäftigung erlahmte und ich aufgeben wollte.

Für meinen Mann und mich wurden die Auseinandersetzung und der Widerstand gegen den Bau des Atommüllendlagers Schacht Konrad zu einem gemeinsamen Projekt, in dem wir uns beide in unseren je eigenen Anteilen ergänzten. Während er stärker im wissenschaftlichen und im allgemeinbildenden Bereich involviert war, z.B. durch Bildungsveranstaltungen und die Herausgabe von Veröffentlichungen über das geplante Endlager, lag mein Interesse im politischen Bereich mit dem Ziel, auf diesem Weg Konrad zu verhindern.

Meine ersten Kontakte zum Bauvorhaben Schacht Konrad erhielt ich über teilweise vernichtende Gutachten zu der ersten Fassung des Plans der Physikalisch-Technischen Bundesanstalt (PTB). Diese hatte am 31. August 1982 den Antrag auf Einleitung des atomrechtlichen Planfeststellungsverfahrens gestellt. Die Antragsunterlagen wurden jedoch als unzureichend angesehen. Die PTB wurde beauftragt, Ergänzungen an den Planunterlagen vorzunehmen und erweiterte Standorterkundungen zum Langzeitsicherheitsnachweis durchzuführen.[3]

Meine erste praktische Erfahrung im Wider-

3 Niedersächsisches Umweltministerium Presseinformation Schacht Konrad, „Geschichte des Planfeststellungsverfahrens“ vom 14.8.1992.

stand gegen Schacht Konrad machte ich bei einer Demonstration gegen das geplante Endlager im Mai 1986, von deren Teilnahme ich mir Informationen über die Ablehnungsgründe der ProtestlerInnen versprochen hatte. Ich nahm mit meinem späteren Mann sowie einer Vielzahl von Menschen, u.a. Familien mit kleinen Kindern, an dem von mehreren Gruppen organisierten Demonstrationszug zum Schacht Konrad teil. Wir wunderten uns über das riesige Polizeiaufgebot, das uns begleitete und in der Nähe des Schachtes gegenüberstand. Viel Blaulicht, berittene Polizei, Hundeführer, Wasserwerfer, Hubschrauber. Die Szenerie wirkte sehr bedrohlich. Wir hatten viel zu spät realisiert, dass sich der sogenannte „Schwarze Block", d.h. aus unterschiedlichen Regionen Deutschlands angereiste gewaltbereite Gruppen, unter den Demonstrationszug gemischt hatte. Polizisten wurden angegriffen, Wasserwerfer kamen zum Einsatz.[4]

Damals wurde der Ausbau des Schachts als Endlager von vielen Menschen in der Region fraglos hingenommen. Der Widerstand dagegen war weiten, sogenannten „bürgerlichen" Kreisen suspekt, befeuert durch Vorkommnisse wie bei der erwähnten Demonstration. Er wurde in Teilen kriminalisiert, bei führenden Personen in der Szene wurden

---

4 Salzgitter-Zeitung 12.5.1986; Salzgitter-Woche am Sonntag 18.5.1986.

Hausdurchsuchungen durchgeführt. Ich beschäftigte mich mit den Einwänden der ProtestlerInnen gegen das Vorhaben. Im Vordergrund standen die Angst vor erhöhter radioaktiver Strahlung, zusätzlich zu der ohnehin schon bestehenden Belastung mit industriell verursachten Schadstoffen, der radioaktiven Verseuchung des Grundwassers und der vorwiegend landwirtschaftlich genutzten Böden sowie der Luft und der Sorge vor sinkenden Haus- und Grundstückspreisen aufgrund des Imageschadens, der für Salzgitter mit dem Endlager verbunden sein würde. 1989 wurde ich Mitglied im größten Zusammenschluss gegen das Projekt, der 1987 gegründeten Arbeitsgemeinschaft Schacht Konrad, die sich kritisch mit der Lagerung von Atommüll in den bereits genutzten Endlagern Morsleben und ASSE II sowie dem geplanten Endlager Schacht Konrad auseinandersetzt. Mitglieder sind neben Einzelpersonen Kommunen wie die Städte Braunschweig und Salzgitter, Verbände wie das Niedersächsische Landvolk, Gewerkschaften, Firmen, Bürgerinitiativen und damals oppositionelle Parteien wie die Grünen. Auch ich wollte „Flagge zeigen".

Der Weg des Widerstands sollte lang werden.

2 Das Projekt Schacht Konrad

An dieser Stelle dürfte es sinnvoll sein, zunächst den auslegungsreifen Plan Schacht Konrad zu erläutern, um im Anschluss meine Kritik daran deutlich zu machen. Ich kann vorwegnehmen, dass ich eigentlich keine große Lust hatte, mich damit zu beschäftigen, denn mich interessierten naturwissenschaftlich-technische Themen bestenfalls am Rande, und die Planungsgrundlagen zu Konrad sind keine leichte Materie. Doch Kritik Üben und Demonstrieren sind kein Selbstzweck. Die Einarbeitung in die Planunterlagen war erforderlich, um die Kritik begründet darstellen zu können. Ich hatte das große Glück, in meinem Mann, der sich schon länger mit den Unterlagen beschäftigt hatte, einen geduldigen Partner an meiner Seite zu haben, der mir den Zugang zum Plan sehr erleichterte.

2.1 Planunterlagen

Schacht Konrad ist ein stillgelegtes Eisenerz-Bergwerk im Stadtgebiet Salzgitters zwischen Bleckenstedt und Sauingen. Es wurde wegen mangelnder Rentabilität 1976 stillgelegt. Angesichts drohender Arbeitslosigkeit setzte sich der Betriebsrat für eine weitere Verwendung des Bergwerks zur Unterbringung von Sondermüll ein. In Folge wurde der Schacht als Standort des ersten deutschen Atommüllendlagers politisch bestimmt. Trotz fehlender Genehmigung konnte Konrad, behördlicherseits akzeptiert, als Entsorgungsnachweis der Energieversorgungsunternehmen für den von ihnen produzierten Atommüll genutzt werden.[5]

Die Planunterlagen zum Endlager Konrad sehen vor, dass in 800 bis 1300 Metern Tiefe schwach- und mittelradioaktiver Atommüll mit „vernachlässigbar thermischer Einwirkung auf das umgebende Gebirge" nicht-rückholbar endgelagert wird. Das bedeutet, dass das Deckgebirge um nicht mehr als 3 Grad Celsius erwärmt werden darf und dass das Endlager nach dem Ende der Betriebszeit unzugänglich verschlossen wird. Der endzulagernde Atommüll macht etwa 95 % des gesamten Volumens des deutschen Atommülls aus.

In der ca. 40-jährigen Betriebsphase sollen die Atommüllbehälter in Einlagerungsfelder mit jeweils mehreren Einlagerungskammern eingebracht werden. Nach ihrer Befüllung sollen die Kammern verschlossen werden. Für die Resthohlräume ist eine Verfüllung mit Flüssigbeton vorgesehen.

Nach Abschluss der Betriebsphase ist vorgesehen, die Zugangsstollen und Schachtöffnungen mit einem Mineralgemisch zu verschließen. Die Schachtverschlüsse gelten als technische und das

---

5 Niedersächsisches Umweltministerium (Hrsg.), Was Sie schon immer über Konrad wissen wollten ..., Hannover 1992, S. 7 ff.

Schacht Konrad
(Foto: Bundesgesellschaft für Endlagerung mbH)

Deckgebirge als natürliche Barriere gegen einen Austritt radioaktiver Schadstoffe. Die Funktion dieses Multibarrierensystems besteht im Wesentlichen darin, die Freisetzung von Radionukliden in die Biosphäre hinreichend lange zu verhindern, d.h., bis sie keine Gefährdung mehr für Mensch und Umwelt bedeuten. Das Endlager gilt unter Anwendung des Konzepts der Nichtrückholbarkeit der Abfälle in der Nachbetriebsphase als wartungsfrei. Ein Überwachungssystem ist nicht vorgesehen. Im Rahmen des Langzeitsicherheitsnachweises für das Endlager werden für einen Zeitraum von einer Million Jahren Sicherheitsgarantien gegeben. Es werde keine radioaktive Belastung der Biosphäre auftreten und damit keine Gefährdungen für Mensch und Umwelt.[6]

2.2 Auseinandersetzung mit Plan Konrad

Nach der Auseinandersetzung mit den Planunterlagen und den darin gemachten Sicherheitsaussagen war mein erster Gedanke: Welch eine Hybris! Wissenschaftler maßen sich eine Garantie für eine Million Jahre an, in denen die radioaktiven Abfälle auf das für Menschen unschädliche Maß von der Biosphäre isoliert werden können. Die „nuklidspe-

6 Bundesamt für Strahlenschutz (BfS), Plan Endlager für radioaktive Abfälle, Kurzfassung Stand 9/86 in der Fassung 4/90 Schachtanlage Schacht Konrad in Salzgitter, Salzgitter 1990.

zifische Bewertung" der vorhandenen natürlichen Barrieren (gemeint ist das Deckgebirge über der Lagerstätte) bestätige, dass „die für die Endlagerung vorgesehenen Radionuklide überwiegend erst nach einem Zeitraum von Millionen Jahren an die Erdoberfläche gelangen können und somit das mit geologischen Systemen prognostizierbare Isolationsvermögen beim Endlager Konrad erreicht wird."[7]

Der Gedanke, über Zeiträume, die das menschliche Vorstellungsvermögen übersteigen, Sicherheitsgarantien zu geben, ließ mich nicht mehr los und wurde handlungsleitend für meine Auseinandersetzung mit dem Langzeitsicherheitsnachweis und dem Prognosevermögen.

Bereits im Studium in Auseinandersetzung mit den Schriften von Hannah Ahrendt war ich auf die Grenzen menschlicher Prognosefähigkeit aufmerksam geworden, die sie wie folgt beschreibt:

„Zukunftsprognosen projizieren gegenwärtige Prozesse und Verfahrensweisen; sie sagen voraus, was aller Wahrscheinlichkeit nach eintreten wird, wenn Menschen nicht handelnd eingreifen und wenn nichts Unerwartetes geschieht. Jede Handlung und jeder Zwischenfall zerstört mit einem Schlag alle Voraussetzungen, in deren Rahmen die Prognose erfolgt und ihre Indizien zusammenstellt.

7 aaO, S. 100 f.

(…) Als Projektionen tatsächlich beobachtbarer gegenwärtiger Prozesse haben sie immer eine gewisse Wahrscheinlichkeit für sich; gefährlich werden sie erst, wenn sie als in sich schlüssige Theorien auftreten, mit deren Hilfe man angeblich wissen kann, was wirklich war, ist und sein wird.“[8]

2.3 Der Langzeitsicherheitsnachweis für Konrad

Ein belastbarer Langzeitsicherheitsnachweis ist Voraussetzung für die nicht-rückholbare Endlagerung. Diese bedeutet nach den 1983 von der Reaktorsicherheitskommission aufgestellten und 1988 modifizierten „Sicherheitskriterien für die Endlagerung radioaktiver Abfälle in einem Bergwerk“ eine „wartungsfreie, zeitlich unbefristete und sichere Beseitigung (…) unter Einsatz von Verfahren und Methoden“, bei „denen eine Rückholbarkeit der Abfälle nicht erforderlich ist.“ Der Nachweis ist mit der Methode der deterministischen Sicherheitsanalyse durchzuführen, die in einer Modellierung aller Vorgänge besteht, die Einfluss auf die Mobilisierung von Radionukliden im Endlager und ihren Transport vom Endlager in die Biosphäre haben.[9]

---

8 Arendt, Hannah, Macht und Gewalt, R. Piper GmbH & Co. KG, München 1970, S. 11 f.

9 Bundesanzeiger 35 (1983) Nr. 2, S. 45 f.; Gruppe Ökologie, ▸

Im Gegensatz zu den positiven Planaussagen Schacht Konrad kam die Gruppe Ökologie zu dem Ergebnis, dass die Sicherheitsanalyse „als alleiniges Verfahren zum Nachweis der Langzeitsicherheit nicht geeignet (ist), da sie die für die Bewertung der Langzeitsicherheit notwendigen aussagekräftigen und nachvollziehbaren Ergebnisse nicht liefern kann.“[10] Das Hauptproblem nicht-rückholbarer Endlagerung sei die Nicht-Prognostizierbarkeit der Wasserwegsamkeiten und die Entwicklung der Formationen in der Lithosphäre. Es werde dadurch verschärft, dass die methodischen Probleme beim Nachweis der Langzeitsicherheit des Konrad-Projektes u.a. bei der Auswahl abdeckender Störfallszenarien, dem Fehlen repräsentativer empirischer Daten, der nicht nachgewiesenen Abbildung der realen Verhältnisse und der Modellunsicherheiten sowie der Gesamtkonservativität der Rechenergebnisse grundsätzlicher Art sind.[11]

Aber nicht nur geeignete naturwissenschaftlich-technische Verfahren und Methoden sind Vor-

---

Analyse der Entsorgungssituation in der Bundesrepublik und Ableitung von Handlungsoptionen unter der Prämisse des Ausstiegs aus der Atomenergie, erstellt im Auftrag der Heinrich Böll Stiftung in Berlin, Hannover 1998, S. 144.

10 aaO, S. 158.

11 Garms-Babke, Christa, Die Unvereinbarkeit nicht-rückholbarer Endlagerung radioaktiver Abfälle mit dem Grundgesetz – Am Beispiel von Schacht Konrad, Peter Lang, Europäischer Verlag der Wissenschaften, Frankfurt am Main 2002, S. 34 ff.

aussetzung für die Belastbarkeit eines Langzeitsicherheitsnachweises, sondern auch eine sichere Prognosefähigkeit. Diese setzt eine hinreichende Gewissheit der Erkenntnis voraus, die im Plan zwar behauptet wird, aber nicht eingelöst werden kann.

Den Planunterlagen liegt die Annahme zugrunde, dass die geologischen Prozesse der Vergangenheit durch Naturgesetze determiniert sind, und dass das Wissen darüber unter Hinzunahme gegenwärtiger Randbedingungen linear die Endbedingungen in der Zukunft extrapoliert und unter Anwendung mathematischer Methoden dargestellt wird. Da sich das geologische 'Gestern' über Millionen Jahre erstrecken kann, „berechtigen am 'Gestern' getestete Modellvorstellungen Prognosen über den Kreislauf der gesteinsbildenden Stoffe unter Einbeziehung der Veränderungen durch die eingelagerten Schadstoffe." So kann sich der Prognosezeitraum „nach heutiger Erkenntnis auf bis zu etwa 1 Million Jahre erstrecken".[12]

Dieses dem Plan Konrad zugrunde liegende Wissenschaftsverständnis entspricht dem überholten klassischen Positivismus (zeitlos gültige Naturgesetze, lineare Extrapolation vergangener

---

12 Bundesamt für Strahlenschutz (BfS) Plan Endlager für radioaktive Abfälle, Kurzfassung Stand 9/86 in der Fassung 4/90 Schachtanlage Schacht Konrad in Salzgitter, Salzgitter 1990, S. 46, S. 100

Zustände in die Zukunft, belastbare Fernprognosen). Es ist weder in logischer Hinsicht noch aus wissenschaftshistorischer Perspektive mit dem neuen erkenntnis- und wissenschaftstheoretischen Verständnis der Zeitabhängigkeit, Geschichtlichkeit, Überholbarkeit und Fehlbarkeit wissenschaftlicher Aussagen und Aussagensysteme in Einklang zu bringen. Die Belastbarkeit von Fernprognosen kann – losgelöst vom Konrad-Projekt – vor dem Hintergrund des begrenzten Erkenntnis- und Prognosevermögens generell nicht erbracht werden.[13]

Die Sichtung einschlägiger Literatur und Gutachten unabhängiger WissenschaftlerInnen hatte für mich zum Ergebnis, dass der Langzeitsicherheitsnachweis angesichts der angewendeten Verfahren und Methoden weder naturwissenschaftlich-technisch noch erkenntnistheoretisch entsprechend dem atomrechtlich geforderten Stand von Wissenschaft und Technik (§ 7 Abs. 2 Nr. 3 Atomgesetz) erbracht werden kann.[14]

Meine Auseinandersetzung mit dem Plan Konrad war sehr arbeits- und zeitintensiv. Doch es war eine gute, fruchtbare Zeit, in der ich viel gelernt habe, gerade auch im Austausch mit meinem

---

13 Garms-Babke, Christa, Die Unvereinbarkeit nicht-rückholbarer Endlagerung radioaktiver Abfälle mit dem Grundgesetz – Am Beispiel von Schacht Konrad, Peter Lang, Europäischer Verlag der Wissenschaften, Frankfurt am Main 2002, S. 80 ff.

14 aaO, S. 115 f.

Mann, der seine kritischen Anfragen an den Plan neben den naturwissenschaftlich-technischen und wissenschaftstheoretischen Fragestellungen auch vor dem Hintergrund theologischer und ethischer Reflexion stellte.

Angesichts unserer guten Argumente setzten wir viel Hoffnung auf die von ihm für unsere Familie formulierte Einwendung gegen das Konrad-Projekt, die im Rahmen des Planfeststellungsverfahrens, auf das ich noch eingehen werde, erörtert werden sollte. Ich wendete mich dem praktisch-politischen Widerstand gegen das Projekt zu.

3 Schacht Konrad im Rat der Stadt Salzgitter 1991/92

> „Handelnd und sprechend offenbaren die Menschen jeweils, wer sie sind, zeigen aktiv die personale Einzigartigkeit ihres Wesens, treten gleichsam auf die Bühne der Welt, auf der sie vorher so nicht sichtbar waren."
>
> (Hannah Arendt)[15]

1991 erhielt ich von den Grünen in Salzgitter eine Anfrage für eine Kandidatur zur Kommunalwahl. Zunächst zögerte ich. Unser erster Sohn war erst einige Monate alt, der Abschluss der Diplomarbeit wartete und mein Mann war gegen eine Kandidatur. Aber mich reizte die Aufgabe. Zu meinem Erstaunen – ich lebte noch nicht lange in Salzgitter, war also unbekannt – wurde ich gewählt. Ich nahm das Mandat an in der Hoffnung, die bis dahin mehrheitlich befürwortende Haltung des Rates der Stadt Salzgitter zum Bau des Endlagers angesichts plausibler Argumente aufweichen und eine Mehrheit für die Ablehnung des Projekts organisieren zu können.

Der neu gewählte Rat konstituierte sich am 6.11.1991. Wir hatten 3 Ratssitze für die Grünen

15 Arendt, Hannah, Vita activa oder Vom tätigen Leben, Piper Verlag GmbH, München, 9. Aufl. 1997, S. 219.

erringen können, die SPD, mit der wir eine Koalition bildeten, erreichte 23 Sitze. Mit 26 von 47 Ratssitzen hatten wir gegenüber der Koalition von CDU (20 Sitze) und FDP (1 Sitz) eine komfortable Mehrheit. Die SPD in Salzgitter war angesichts des Wahlergebnisses das erste Mal zu einer Koalition gezwungen. An der Koalitionsvereinbarung[16] arbeitete ich entscheidend mit. Wir konnten nach langen zähen Verhandlungen, in denen die SPD ihre bislang befürwortende Haltung zu Konrad aufgab, unsere wesentlichen Schwerpunkte durchsetzen.

Wir vereinbarten zu Konrad die Forderung nach dem Abbruch des Planfeststellungsverfahrens, die Bereitstellung finanzieller Mittel für die Beauftragung noch erforderlicher Gutachten, z.B. zu den Transportrisiken, die Ausschöpfung sämtlicher Rechtsmittel gegen das Projekt durch die Stadt, die Bereitstellung ausreichender finanzieller Mittel zur Unterstützung der Arbeit der Arbeitsgemeinschaft Schacht Konrad für laufende Aufgaben, die Beauftragung von Sachbeiständen für das Erörterungsverfahren und – wenn nötig – die Durchführung eines Musterprozesses gegen die Endlagerung.[17]

In der Salzgitter-Zeitung wurde in einem Kommentar unter dem Titel „Quo vadis, Sozialdemo-

16 Koalitionsvereinbarung vom 4.11.1991.

17 Vgl. Salzgitter Woche am Sonntag 10.11.1991.

kratie?“ hervorgehoben, dass die drei Ratsmitglieder der Grünen der „großen Traditionspartei Salzgitters“ den „Tenor der Koalitionsvereinbarung“ diktiert hätten.[18] Der FDP-Politiker im Rat kam gar zu dem Ergebnis, durch seine „Mitarbeit im Rat so viel Schaden wie möglich von den Bürgern Salzgitters“ abwenden zu wollen.[19]

Im Januar 1992 brachte ich die Resolution zu Schacht Konrad in den Rat ein. Sie zielte angesichts des nicht belastbaren Langzeitsicherheitsnachweises und der mit dem Endlager verbundenen Gefährdungen für Mensch und Umwelt auf einen unverzüglichen Abbruch des laufenden Planfeststellungsverfahrens und Aufgabe des Projektes. Sie wurde, ebenso die finanzielle Unterstützung der AG Schacht Konrad, mit den rot-grünen und 2 Stimmen aus der CDU angenommen.[20]

Ich war sehr stolz auf unseren gemeinsamen Erfolg und hoffte, dass durch diese eindeutige Positionierung des Rates eine breitere gesellschaftliche Ablehnung Konrads als Atommüllendlager erzielt werden konnte.

Bereits Anfang 1992 wurden in der grünen Fraktion unterschiedliche Auffassungen zur Umsetzung von Vorhaben aus der Koalitionsvereinbarung und

18 Salzgitter-Zeitung 9.11.1991.

19 Salzgitter-Zeitung, 7.11.1991.

20 Vgl. Salzgitter-Zeitung 16. und 17.1.1992.

zur Abgrenzung vom Koalitionspartner zur offenbar. Die Probleme konnten auch in einer gemeinsamen Sitzung mit dem Kreisverband nicht ausgeräumt werden. Die Koalition mit der SPD sollte auf keinen Fall gefährdet werden. Ich kündigte meine weitere Mitarbeit wegen unüberbrückbarer Differenzen in der Fraktion und mit Teilen des Kreisverbandes auf und gab das Ratsmandat am 16.3.1992 zurück, gerade 4 Monate im Amt.[21]

In den folgenden Monaten waren meine politischen Ambitionen für einen längeren Zeitraum im Keller. Die Enttäuschung über meinen Kurzausflug in parteipolitische und parlamentarische Strukturen saß tief.

Erst 1994 wurde ich wieder aktiv; doch in der Zwischenzeit hatte ich die Aktivitäten meines Mannes im Bereich der Evangelischen Landeskirche Braunschweigs sowie des Planfeststellungsverfahrens für Schacht Konrad mit Stolz auf ihn verfolgt.

---

21 Vgl. Salzgitter-Zeitung 19.3.1992.

4 Schacht Konrad in der Braunschweigischen Landeskirche

Neben dem Widerstand der Bürgerinitiativen gegen das geplante Endlager in Salzgitter hatte es auch im Jahr 1991 auf der institutionellen Ebene im Bereich der Braunschweigischen Landeskirche Festlegungen zum Konrad-Projekt und der Nutzung der Atomenergie gegeben. Motor dieser Festlegungen war mein Mann, der von den Propsteisynoden Salzgitter-Bad und Salzgitter-Lebenstedt als ihr Konrad-Beauftragter eingesetzt worden war. Auf der Grundlage seiner Argumente[22] forderte die Propsteisynode Salzgitter-Bad in ihrem Beschluss vom 13. Februar 1991 zur Bewahrung von Gottes Schöpfung:

- die Förderung, den Ausbau und die Nutzung ungefährlicherer regenerierbarer Energieträger sowie verstärkte Bemühungen um Energieeinsparung, damit schnellstens auf die wegen ihrer langfristigen Folgen nicht verantwortbare Kernenergie-Technik verzichtet wird, und
- den grundsätzlichen Verzicht auf eine Endlagerung radioaktiver Abfälle in Schacht Kon-

22 Babke, Hans-Georg (Konrad-Beauftragter der Propsteien Salzgitter-Bad und Salzgitter-Lebenstedt), „Die Unmöglichkeit exakter naturwissenschaftlicher Prognosen“ vom 20.6.1989; „Theologisch-ethische Erwägungen zur geplanten Endlagerung radioaktiver Abfälle in Schacht Konrad“ vom 3.2.1991.

rad solange nicht andere Möglichkeiten einer sicheren Unterbringung dieses Mülls ernsthaft geprüft worden sind, kein weitgehender wissenschaftlicher Konsens über die Eignung von Schacht Konrad besteht, und ein solches Endlager zur Rechtfertigung der weiteren Produktion und zur Ausweitung des radioaktiven Mülls führt.

Die VIII. Landessynode der Ev.-luth. Landeskirche in Braunschweig, die vom 23. – 25. Mai 1991 tagte, machte sich den Text der Propsteisynode Salzgitter-Bad zu eigen und fügte noch hinzu: „… solange nicht der Ausstieg aus der Kernenergieerzeugung endgültig beschlossen ist.“

Die Propsteisynode Salzgitter-Bad wurde mit ihrem Beschluss vom 10. Februar 1994 zum Planfeststellungsverfahren Schacht Konrad, dem sich die Propsteisynode Lebenstedt anschloss, erneut tätig. Sie bekräftigte ihren Beschluss vom 13.2.1991 und bat das Landeskirchenamt und die klagebefugten Kirchengemeinden, im Falle der Genehmigung des Endlagers Klage gegen den Genehmigungsbescheid zu erheben, falls erforderlich auch durch alle Instanzen. Die Landessynode schloss sich im Mai 1994 den Bedenken der Propsteisynoden Salzgitter-Bad und Lebenstedt an. Die Propsteisynoden Salzgitter-Bad und Lebenstedt sprachen sich in ihrer Sitzung im November 1995 einstimmig für einen Dringlichkeitsantrag an die Landessynode aus, in dem gefordert wurde, den Beschluss der Landessynode dahingehend zu ergänzen, dass beim Prüfen der Erfolgsaussichten im Falle der Fortführung des Rechtsstreites neben den rechtlichen Aspekten theologisch-ethische Gesichtspunkte umfassend zu berücksichtigen seien.[23]

Die Landessynode bat das Landeskirchenamt in ihrem Beschluss, im Falle einer Genehmigung oder einer positiven Teilgenehmigung Klage zur Fristwahrung zu erheben[24], die Erfolgsaussichten der Klage zu prüfen[25] und das Prüfungsergebnis der Landessynode zur Beschlussfassung über die Fortführung des Rechtsstreites vorzulegen.[26]

Unabhängig vom institutionellen Engagement seitens der Landeskirche hatten bereits im April 1987 die Friedensinitiative in der Braunschwei-

---

23 Vgl. Salzgitter-Zeitung 10.11.1995 und Salzgitter-Woche am Sonntag 25.8.2002.

24 Babke, Hans-Georg (Konrad-Beauftragter der Propsteien Salzgitter-Bad und Salzgitter-Lebenstedt), „Gesichtspunkte zur Klage der Landeskirche gegen das Endlager Schacht Konrad“ v. 13.6.2002.

25 aaO, „Plädoyer für eine Fortsetzung der Klage durch die Landeskirche gegen das Endlager für radioaktive Abfälle Schacht Konrad“ v. 11.11.2002; Ethisches Gutachten zum genehmigten Plan Schacht Konrad vom 9.9.2003.

26 Vgl. Die Tageszeitung (taz) 2.5.2002; epd 27.5.2002; Peiner Allgemeine Zeitung 14.8.2002; Wolfenbütteler Zeitung 23.7.2002; Salzgitter-Zeitung 18.6.2002, 23.7., 26.8.2002; Salzgitter-Woche am Sonntag 25.8.2002.

gischen Landeskirche und die evangelische-lutherische Kirchengemeinde Bleckenstedt einen ökumenischen Kreuzweg-Gottesdienst begründet. Seit dieser Zeit finden zweimal im Jahr Stations-Gottesdienste statt, die an (oder wetterbedingt in) der Bleckenstedter Kirche enden. Im Mittelpunkt steht die Bewahrung der Schöpfung. In Gebeten, Fürbitten und Andachten wird u.a. die Hoffnung auf die Beendigung des Konrad-Projektes ausgesprochen, und es wird über den je aktuellen Stand zu Konrad informiert.[27]

Vorwegzunehmen ist, dass die Landeskirche im weiteren Verlauf des Konradverfahrens aufgrund vermeintlicher Misserfolgsaussichten keine weiterführende Klage gegen die Genehmigung Konrads als Atommüllendlager erhoben hat. Sie leistete für die Klage der Landwirte Traube einen nicht unerheblichen finanziellen Beitrag an den Rechtshilfefonds Schacht Konrad, auf den ich noch eingehen werde. Auf die Klage der Landeskirche war große Hoffnung gesetzt worden; entsprechend bitter war die Enttäuschung bei den Konrad-GegnerInnen, insbesondere bei meinem Mann und mir.

Losgelöst von der Entscheidung der Landeskirche fanden die ökumenischen Gottesdienste weiterhin großen Zuspruch. Es wurde für Spenden ge-

---

27 Vgl. Salzgitter-Zeitung 9.10.1989, 12.6., 16.8., 6.10.1992; 9.8., 30.9.1995, 20.10.1998; AG Schacht Konrad, Konrad aktuell Nr. 44 v. 1.7.1999.

worben, für die Klage der Landwirte Traube gegen die Genehmigung Konrads als Endlager, durch Publikationen[28], unterschiedliche Aktionen und Bildungsveranstaltungen, u.a. die Veranstaltung der Propstei Salzgitter-Bad im Mai 2006 zum Problem der Langzeitsicherheit bei Konrad und des Umgangs mit Prognose-Irrtümern mit Professor Dr. Altner aus Berlin (Theologe, Biologe und Umweltwissenschaftler), der auf die Probleme nichtrückholbarer Endlagerung aus einer ethischen Perspektive einging.[29]

---

28 Babke, Hans-Georg, Publikation zu den Endlagern für radioaktive Abfälle ASSE und Konrad vom 10.8.2005.

29 Vgl. Salzgitter-Zeitung 27.4.2006.

5 Atomrechtliches Planfeststellungsverfahren Schacht Konrad

1991, neun Jahre nach Antragstellung auf Einleitung des atomrechtlichen Planfeststellungsverfahrens am 31. August 1982 durch die Physikalisch-Technische Bundesanstalt (PTB), Vorgängerin des Bundesamtes für Strahlenschutz (BfS), kam nun auf der Grundlage des nachgebesserten Plans 9/86 in der Fassung 4/90 Bewegung in das Genehmigungsverfahren.[30] Zum besseren Verständnis der Abläufe dieses Genehmigungsverfahrens gehe ich im Folgenden zunächst auf den rechtlichen Rahmen des Verfahrens ein.

Die Endlagerung radioaktiver Abfälle ist im Atomgesetz seit 1976 geregelt. Das Gesetz wurde im Rahmen der konkurrierenden Gesetzgebung zwischen Bund und Ländern erlassen. Der Bund ist verantwortlich für die Errichtung und den Betrieb von Endlagern. Er hat diese Aufgabe 1989 mit dem Gesetz über die Errichtung eines Bundesamtes für Strahlenschutz von der Physikalisch-Technischen Bundesanstalt (PTB) auf das Bundesamt für Strahlenschutz übertragen.[31] Das Bundesamt wiederum

---

30 Niedersächsisches Umweltministerium Presseinformation Schacht Konrad, „Geschichte des Planfeststellungsverfahrens" vom 14.8.1992.

31 Bundesamt für Strahlenschutz (BfS), Plan Endlager für radioaktive Abfälle, Kurzfassung Stand 9/86 in der Fassung 4/90 ▸

bediente sich zur Planung, Errichtung und zum Betrieb von Endlagern eines Dritten, und zwar der Deutschen Gesellschaft zum Bau und Betrieb von Endlagern für Abfallstoffe mbH (DBE).

Die Länder, und zwar die jeweils als oberste Landesbehörden zuständigen Ministerien, sind nach § 24 Abs. 2 Atomgesetz (AtG) in Verbindung mit Art. 87c GG für die Durchführung des Planfeststellungsverfahrens und die Genehmigung eines Projektes bzw. die Versagung der Genehmigung zuständig.[32]

Das Planfeststellungsverfahren wird in Bundesauftragsverwaltung (§ 24 Abs. 1 AtG in Verbindung mit Art. 87c GG) durchgeführt. Damit unterliegen die Länderbehörden der Weisungskompetenz der zuständigen obersten Bundesbehörde (Art. 85 Abs. 3 GG). Das Verfahren ist nach § 9b AtG durchzuführen. Diese Vorschrift regelt im Wesentlichen die Voraussetzungen, die der Genehmigung eines Endlagervorhabens zugrunde zu legen sind, und das Verfahren der Öffentlichkeitsbeteiligung. Schwerpunkte im Verfahren der Öffentlichkeitsbeteiligung sind die Bekanntmachung des Vorhabens, die Auslegung der Planunterlagen, die Erhebung von Einwendungen gegen das Projekt, die Durchführung des Erörterungstermins und die Zustellung der Entscheidungen (§ 9b Abs.

Schachtanlage Schacht Konrad in Salzgitter, Salzgitter 1990, S. 11.

32 Beck-Texte Umweltrecht 132001.

5 Nr. 1 AtG).[33]

Angesichts der rechtlichen Ausgangssituation war der Bundesumweltminister absoluter Herr des Genehmigungsverfahrens. Er griff, wie im Folgenden deutlich wird, mehrfach durch Weisungen an die Genehmigungsbehörde – das niedersächsische Umweltministerium – in das Verfahren ein und konnte sich auf dieser Rechtsgrundlage sein Endlagerprojekt selbst genehmigen.

5.1 Weisung zur öffentlichen Auslegung des Konrad-Plans 1991

Mit der ersten Weisung im Verfahren wies der damalige Bundesumweltminister Klaus Töpfer (CDU) das Niedersächsische Umweltministerium am 24. Januar 1991[34] an, das Planfeststellungsverfahren fortzuführen und mit Auslegung der Planunterlagen Schacht Konrad das Vorhaben öffentlich bekannt zu machen.[35] Der Weisung war die Ablehnung der damaligen niedersächsischen Umweltministerin Monika Griefahn (SPD) einer Weiterführung des Verfahrens aufgrund von Sicherheitsbedenken, nicht erfüllter Anforderungen des

33 Beck-Texte Umweltrecht 132001.

34 Bundesminister für Umwelt, Naturschutz u. Reaktorsicherheit, Weisung v. 24.1.1991 – RS III 1 – 14842/5.

35 Niedersächsisches Umweltministerium, Pressemitteilung 8/91 vom 24.1.1991.

Gesetzes zur Umweltverträglichkeitsprüfung und dem Erfordernis weiteren Prüfbedarfs für das Projekt vorangegangen.[36] Sie ersuchte Rechtsschutz gegen die Weisung beim Bundesverfassungsgericht.

Das Gericht entschied am 10. April 1991 formal, dass „der Bund ein Land in allen Rechtsbereichen eines atomrechtlichen Planfeststellungsverfahrens anweisen kann. Ob das Land in der Frage der Auslegung eines Gesetzes eine andere Auffassung vertritt als der Bund, wird im Rahmen dieses verfassungsrechtlichen Verfahrens nicht überprüft."[37]

Griefahn hatte verloren. Die Planunterlagen wurden von Mai bis Juli 1991 im Niedersächsischen Umweltministerium und in vier weiteren Einrichtungen öffentlich zur Einsichtnahme ausgelegt.[38] Über 290.000 Einwendungen gegen das Projekt gingen beim Niedersächsischen Umweltministerium (NMU) als zuständiger Genehmigungsbehörde ein.[39]

---

36 Niedersächsisches Umweltministerium, Pressemitteilung 39/91 vom 8.4.1991.

37 Bundesverfassungsgericht: BVerfGE 84. Band, Tübingen 1992, S. 25 – 33; Vgl. Niedersächsisches Umweltministerium, Pressemitteilung 44/91 vom 10.4.1991.

38 Vgl. Niedersächsisches Umweltministerium, Presseinformation Schacht Konrad, „Geschichte des Planfeststellungsverfahrens" vom 14.8.1992.

39 Vgl. Niedersächsisches Umweltministerium (Hrsg.), Was Sie ▸

Ich war von der Entscheidung des Gerichts irritiert. Ich hatte es nicht für möglich gehalten, dass eine Bundesbehörde in einem föderalen Rechtsstaat im Rahmen eines Genehmigungsverfahrens zur Durchsetzung eigener Interessen und Ziele lenkend in die Zuständigkeit eines Landes eingreifen kann.

Mein Vertrauen in rechtsstaatliche Verfahren war erschüttert worden. Angesichts dieser für mich nicht akzeptablen Regelung setzte ich meine Hoffnung auf eine politische Lösung zur Beendigung des Projektes. Gerhard Schröder hatte sowohl im Landtagswahlkampf als Spitzenkandidat der SPD[40] als auch in seiner Regierungserklärung als Ministerpräsident Niedersachsens am 27. Juni 1990 schwere Zweifel an der Sicherheit des Atommüllendlagers geäußert und eine neue Überprüfung Konrads hinsichtlich seiner Eignung als Endlager in Aussicht gestellt.[41]

---

schon immer über Konrad wissen wollten …, Hannover 1992, S. 13.

40 Vgl. Salzgitter-Zeitung 6.6.1990.

41 Vgl. Niedersächsisches Umweltministerium, Presseinformation Schacht Konrad, „Geschichte des Planfeststellungsverfahrens“ vom 14.8.1992.

5.2 Weisung zur Eröffnung des Erörterungstermins 1992/93

Mit seiner zweiten Weisung vom 2. April 1992 zwang der Bundesumweltminister das Land Niedersachsen, den Erörterungstermin festzusetzen, um die Genehmigung Konrads angesichts der vorhandenen und weiterhin anfallenden Abfälle mit hoher Priorität zu betreiben.[42] Das Niedersächsische Umweltministerium hielt dieses Vorgehen für unverantwortlich. „Sich per Weisung freie Fahrt für ein Atomendlager zu verschaffen, ist unverantwortlich und erschüttert das noch vorhandene Vertrauen in rechtsstaatliche Genehmigungsverfahren."[43]

Die Dreistigkeit, mit der das Genehmigungsverfahren vom Bund vorangetrieben wurde, und die nur formale Behandlung des Widerspruchs der Genehmigungsbehörde durch das Bundesverfassungsgericht hatten sehr viel Wut in mir ausgelöst. Ich schloss mich diversen Protestaktionen gegen die Weisungspolitik Bundesumweltministers Töpfer an. Im Oktober 1992 kam es zur vorerst größten Demonstration mit über 5000 Menschen.[44]

---

42 Bundesminister für Umwelt, Naturschutz u. Reaktorsicherheit, Weisung v. 2.4.1992 – RS III 1 – 14842/5 – S. 8.

43 Niedersächsisches Umweltministerium, Presseinformation vom 2.4.1992 Nr. 45/92.

44 Vgl. Salzgitter-Zeitung 19.10.1992.

Dennoch setzte ich sehr viel Hoffnung auf den Erörterungstermin und darauf, dass sich die Kraft der besseren Argumente durchsetzen würde.

5.3 Erörterungstermin

Der Erörterungstermin wurde weisungsgebunden festgesetzt und zwischen September 1992 und März 1993 an 75 Verhandlungstagen in Salzgitter und in Wedtlenstedt durchgeführt. Zur Erörterung waren Personen und Institutionen zugelassen, die die Voraussetzungen für eine Einwendung gegen den Bau des Endlagers erfüllt und ihre Einwände dem Niedersächsischen Umweltministerium schriftlich eingereicht hatten.

Die Einwendungen gegen das Konrad-Projekt wurden thematisch in Blöcke zusammengefasst. Sie zielten u.a. auf die fehlende Umweltverträglichkeitsprüfung, in der die Auswirkungen des Endlagers auf andere Bereiche der Region zu betrachten sind, auf die Wechselwirkungen zwischen den radioaktiven und den konventionellen Schadstoffen im Industriegebiet Salzgitter, die Transportgefahren, die Gefahren der Dauerniedrigstrahlung und den Langzeitsicherheitsnachweis für das Endlager, zu dem u.a. eingewendet wurde, dass die Wirkung der radioaktiven Strahlung auf das Gebirge und damit die Stabilität der natürlichen Barriere ungewiss sei. Hervorgehoben wurde die prinzipielle Unsicherheit hinsichtlich der tatsächlichen Wasserwege und Laufzeiten der Tiefenwässer sowie die unterirdische Gasentwicklung. Der gesamte Langzeitsicherheitsnachweis basiere auf ungeprüften Arbeitshypothesen und nicht validierten Rechenmodellen. Von einem kleinen bekannten Ausschnitt der Geologie werde durch bloßen Analogieschluss die Gleichartigkeit der geologischen Situation im gesamten betroffenen Gebiet unterstellt. Und Sicherheitsaussagen für einen Zeitraum von 1 Million Jahren seien nach dem Stand von Wissenschaft und Technik unmöglich.[45]

Unter Hinzuziehung von Sachverständigen wurden die Einsprüche zwischen EinwenderInnen, dem Antragsteller des Projekts, d.h. dem Bundesamt für Strahlenschutz (BfS) in Bundesverwaltung für das Bundesumweltministerium (BMU), dem Niedersächsischen Umweltministerium (NMU) als Genehmigungsbehörde und der Gesellschaft zum Bau und Betrieb von Endlagern (GBR) behandelt.[46]

Mein Mann hatte für unsere ethisch und erkenntnistheoretisch begründeten Einwände ge-

---

45 Niedersächsisches Umweltministerium (Hrsg.), Planfeststellungsverfahren für die Errichtung und den Betrieb der Schachtanlage Konrad als Endlager für radioaktive Abfälle, Erörterungstermin vom 25.9.1992 bis 6.3.1993 in Salzgitter-Lebenstedt und Vechelde-Wedtlenstedt, Wortprotokolle.

46 Vgl. Niedersächsisches Umweltministerium (Hrsg.), Was Sie schon immer über Konrad wissen wollten, Hannover 1992, S. 4 ff.

gen den Langzeitsicherheitsnachweis die ProfessorInnen Walther Zimmerli und Erika Hickel als Sachbeistände gewinnen können.[47] Im Gegensatz zur Auffassung des Vertreters des Bundesamtes für Strahlenschutz, Dr. Bruno Thomauske: „Schacht Konrad hat sich aufgrund seiner Eignung förmlich aufgedrängt“[48], stellte Zimmerli fest: „Bezogen auf den Schacht Konrad müsse man entgegen der Versicherung der Bundesregierung und des Bundesamtes für Strahlenschutz zum Ergebnis kommen, daß das Vorhaben gegenwärtig nicht zu verantworten sei.“[49] Und Erika Hickel erklärte: „Die Unterlagen sind nicht Stand der Technik. Die Erkenntnistheorie des BfS beruht auf einem längst überholten Stand.“[50]

Anfangs waren sehr viele Zuschauer zum Erörterungstermin gekommen. Mit der Zeit ließ das Interesse nach. Zum einen war die Materie für Laien wohl zu komplex und schwierig, zum anderen

---

47 Vgl. Niedersächsisches Umweltministerium (Hrsg.), Planfeststellungsverfahren für die Errichtung und den Betrieb der Schachtanlage Konrad als Endlager für radioaktive Abfälle, Erörterungstermin, aaO., Wortprotokolle Band 1, 9. Verhandlungstag, S. 1 – 45, und 16. Verhandlungstag, S. 16 ff.; Band 2, 12. Verhandlungstag, S. 1 – 55; Band 3, 27. Verhandlungstag, S. 1 – 60.

48 Salzgitter-Zeitung und Hannoversche Allgemeine Zeitung 12.10.1992.

49 Salzgitter- Zeitung 12.10.1992

50 Salzgitter-Zeitung 21.11.1992.

fand die Erörterung an Werktagen statt.[51] Letzteres bedeutete für Erwerbstätige die Inanspruchnahme von Urlaubstagen. Auch ich war aufgrund meiner erneuten Schwangerschaft nur wenige Male bei der Erörterung anwesend. Am 16. Dezember wurde unser zweiter Sohn geboren, unser privates Glück war unermesslich, der Erörterungstermin hingegen enttäuschend. Angesichts unserer gut begründeten Einwendung hatten mein Mann und ich hohe Erwartungen an den Termin, die sich jedoch nicht erfüllten. Unsere Hoffnung auf einen annähernd herrschaftsfreien Diskurs und die Kraft unserer plausiblen, von Sachbeiständen bekräftigten Argumente erfüllte sich nicht. Die Vertreter des Bundes und des Landes Niedersachsen waren sich ihrer Machtposition gegenüber den EinwenderInnen sehr bewusst und setzten sie ein. Sie gaben nur pauschale Antworten, Kritik ließen sie an sich abprallen. Die Öffentlichkeitsbeteiligung war eine Farce.

51 Vgl. Salzgitter-Zeitung 10.2. und 8.3.1993.

Aber es sollte noch schlimmer kommen. Seit März 1993 hatten sich VertreterInnen aus Parteien, des Bundesverbandes der Deutschen Industrie, des Deutschen Gewerkschaftsbundes, der Elektrizitätswirtschaft und der Umweltverbände zu sogenannten „Energie-Konsensgesprächen" getroffen.

Ursprünglich initiiert wurden die Konsensgespräche von der Energiewirtschaft. Anlass war der Ausstieg aus der Wiederaufbereitungsanlage für abgebrannte Brennstäbe in Wackersdorf. Damit war zum ersten Mal denkbar geworden, dass Atomkraftwerke aufgrund des nicht zu entsorgenden Atommülls abgeschaltet werden müssten. Die Stromkonzerne RWE und VEBA waren Anfang Dezember 1992 mit einer gemeinsamen Erklärung in die Offensive gegangen. Es ging ihnen um die Absicherung von Restlaufzeiten ihrer Atomkraftwerke (mind. 35 Jahre), einen reibungslosen Betrieb einschließlich Entsorgung des Atommülls, die Option des Zubaus neuer Kraftwerke, verbunden mit weiterer staatlicher Förderung, die Beendigung der Wiederaufarbeitung im Ausland und die direkte Entsorgung als einzigen Entsorgungsweg. Schacht Konrad wurde vor dem Hintergrund dieser Pläne als Atommüllendlager dringend benötigt.[52] Im Sommer 1993 stiegen die Grünen aus, im Herbst die Umweltverbände. Ende Oktober 1993 wurden die Konsensgespräche endgültig als gescheitert angesehen. Zwar bestand zwischen den Stromkonzernen sowie der damaligen CDU/CSU/FDP-Bundesregierung und der SPD-Opposition im Wesentlichen Einigkeit über Restlaufzeiten bestehender Anlagen und den langfristigen Ausstieg aus der Wiederaufarbeitung im Ausland, nicht aber über das Offenhalten der Option auf den Zubau neuer Atomkraftwerke.[53]

Der damalige niedersächsische Ministerpräsident Gerhard Schröder nahm im April 1993 Stellung zu den Konsensgesprächen und der Bedeutung Schacht Konrads in diesen Gesprächen. Unter Verweis auf den Erörterungstermin und die dort vorgebrachten Sicherheitsbedenken versuchte er uns Konrad-GegnerInnen mit den Worten „Konrad ist zur Zeit nicht genehmigungsfähig" und der Versicherung, dass Konrad nicht als „Bauernopfer" in den Gesprächen herhalten werde, zu besänftigen. Wenn allerdings Bundesumweltminister Klaus Töpfer die Genehmigung des End-

52 Workshop auf der Tagung „Konflikte in Deutschland", Evangelische Akademie Bad Boll, Februar 1999, „Atomenergie – Der lange Weg zum Ausstieg", Andreas Speck, Patchwork – Verein zur Förderung demokratischer Selbstorganisation e.V., https://andreasspeck.info/de/inhalt/atomenergie-der-lange-weg-zum-ausstieg (Zugriff 30.3.2021).

53 aaO.

lagers per Weisung anordne, werde sich die Landesregierung dem nicht über die Ausschöpfung ihrer Rechtsmittel hinaus widersetzen und Konrad nötigenfalls auch gegen den erklärten Willen der Bürger durchsetzen.[54]

Eine perfide Strategie. Bei uns WiderständlerInnen Hoffnung auf die Aufgabe des Konrad-Projektes schürend, setzte er mit dem Wissen um die Weisungskompetenz des Bundes Konrad schon 1993 als Trumpf in den Konsensgesprächen ein.

---

54 Salzgitter-Zeitung 16.4.1993.

7 Söltersche gegen Konrad 1994

Höchst alarmiert wurde ich angesichts der Taktiererei Schröders in den Energiekonsensgesprächen wieder aktiv. Nach dem Ende des Erörterungstermins im Frühjahr 1993 war der Widerstand gegen Konrad zunächst verhaltener geworden. Die Hoffnung auf Monika Griefahn, die sich den Weisungen aus dem Bundesumweltministerium entschieden entgegengestellt hatte und das Projekt nicht für genehmigungsfähig hielt, trug sicher dazu bei.

Ich lud zu einer Versammlung am 9.11.1994 in das Gemeindehaus der Hl. Dreifaltigkeitskirche in Salzgitter-Bad ein.[55] Mein Ziel war es, den Widerstand gegen Schacht Konrad zahlenmäßig zu verstärken und öffentlichkeitswirksam in Szene zu setzen. AdressatInnen waren für mich zunächst die Menschen im Süden Salzgitters. Hier war der Protest bisher noch immer zurückhaltend. Umso überraschter war ich über das rege Interesse von Einzelpersonen und Institutionen. Es fand sich eine Gruppe zusammen, und wir gaben uns die Bezeichnung „Söltersche gegen Konrad“. Das „Söltersche“ stand für die alte Bezeichnung der BürgerInnen in Salzgitter-Bad.[56]

Von den „Sölterschen“ wurde eine wirksame

55 Schreiben vom 3.11.1994.

56 Vgl. Salzgitter-Zeitung März 1995; Salzgitter-Woche am Sonntag 9.4.1995, „Region steht auf“ gegen Schacht Konrad.

Öffentlichkeitsarbeit geleistet, u.a. durch Informationsveranstaltungen, Podiumsdiskussionen und Veröffentlichungen über die Gefahren durch das Endlager.[57] Eine Unterschriftenaktion gegen Konrad ergab 1995 knapp 5000 Unterschriften, die der Landesregierung übergeben wurden.[58] Überregional große Resonanz fanden die Protestaktionen aus Anlass der Einweihung des neu gebauten Bundesamtes für Strahlenschutz (BfS) in Salzgitter-Lebenstedt, das, wie schon dargelegt, stellvertretend für das Bundesumweltministerium als Antragsteller im Genehmigungsverfahren zu Schacht Konrad agierte.[59] Zuvor, im Jahr 1994, hatte die Stadt Salzgitter ein zentral am Bahnhof gelegenes

---

57 u.a. Broschüre Schacht Konrad – Atommüllendlager? Informationen zum Plan Konrad (August 1995); Beiträge im Oekumenischen Gottesdienst „Der Schrei der Natur", Salzgitter-Bad (Oktober 1995); Pflanzaktion am Schacht als Hoffnungszeichen: „So laßt uns denn ein Apfelbäumchen pflanzen …" (Oktober 1995); Informationen durch die Polizei-Inspektion Salzgitter: „Widerstandsformen und ihre Folgen", Salzgitter-Bad (Januar 1996); Vortrag Dr. Hayo Dieckmann „Krank durch Konrad?, Gefahren durch Dauerniedrigstrahlung", Salzgitter-Bad (März 1996); Gutachterbüro intac, Hannover, Welche Gefahren gehen durch die Atommülltransporte und den Betrieb Konrads für die Bevölkerung aus?, Salzgitter-Bad (Juni 1997).

58 Salzgitter-Woche am Sonntag 18.6.1995; Salzgitter-Zeitung 23.6.1995.

59 Vgl. Salzgitter-Woche 2.11.1997, Salzgitter-Zeitung 28.10. und 2.11.1997, Hannoversche Allgemeine Zeitung.

Grundstück zur Bebauung des Bundesamtes für Strahlenschutz dem Bund für einen symbolischen Preis von 1 DM überlassen. Es hatte viel Protest gegen die „Verscherbelung" städtischen Eigentums gegeben. Der Kreisverband der Grünen machte der SPD-Ratsfraktion den Vorwurf des „Bruchs der Koalitionsvereinbarungen", weil diese mit dem Deal einverstanden war.[60] Konsequenzen zogen die Grünen damals nicht.

1996 traten die „Sölterschen" in den in diesem Jahr gegründeten Rechtshilfefonds Schacht Konrad e.V. durch Zahlung einer Einlage in Höhe von 5000 DM ein. Der Verein hatte es sich zur Aufgabe gemacht, über Spendengelder Muster-Klagen von Privatpersonen gegen das geplante Endlager finanziell zu ermöglichen. Ihm gehörten 2002 13 Mitglieder an, u.a. das Landvolk, Bürgerinitiativen, Umweltverbände, die Grünen in Salzgitter und Einzelpersonen. Er unterstützte das Klageverfahren der Familie Traube, auf das noch eingegangen wird.[61] Von 2008 bis 2015 arbeitete ich für die „Sölterschen" im Vorstand des Rechtshilfefonds mit.

---

60 Vgl. Salzgitter-Zeitung 12.4.1994 und LeserInnenbriefe vom 28.3.1994.

61 Vgl. Salzgitter-Woche am Sonntag vom 4.1.1997; Rechtshilfefonds Schacht KONRAD e.V. ag-schacht-konrad.de (Zugriff 1.4.2021).

8 Atomkonsensgespräche 1995 und 1997

Die 1993 gescheiterten Atomkonsensgespräche wurden 1995 wieder aufgenommen.[62] Bei diesem zweiten Anlauf sollte es um einen Atommüllkonsens gehen. Die Gespräche starteten im März 1995 unter Beteiligung der damaligen Bundesregierung, vertreten durch Bundesumweltministerin Angela Merkel, Nachfolgerin Töpfers im Amt, und dem Niedersächsischen Ministerpräsidenten Gerhard Schröder. Während die Niedersächsische Umweltministerin Monika Griefahn das Konrad-Projekt weiterhin für nicht genehmigungsfähig erklärte und den Schacht auf seine Eignung überprüfen lassen wollte,[63] hatte Schröder zu diesem Zeitpunkt bereits die Zusage zu Atomtransporten nach Gorleben bei Neubau weiterer Zwischenlager in Süddeutschland gegeben und eine zügige Genehmigung Schacht Konrads in Aussicht gestellt. Schröders Position war jedoch innerhalb der SPD nicht durchsetzungsfähig,[64] und nachdem im April 1995 der erste Castortransport nach Gorleben nur durch den Einsatz von 15.000 PolizistInnen durchgebracht werden konnte, wurden auch diese

62 Vgl. Salzgitter-Zeitung 17.1.1995.

63 Vgl. Salzgitter-Zeitung 23.6.1995.

64 Vgl. Salzgitter-Zeitung 20.1.1995.

Gespräche ohne Ergebnis beendet.[65] Bundesumweltministerin Merkel lehnte weitere Gespräche ab.[66]

Im Jahr 1997 wurden die Atomkonsensgespräche zwischen der Bundesregierung und der SPD-Opposition im dritten Anlauf wieder einmal aufgenommen, doch sie scheiterten erneut. Schröder startete nun einen Alleingang, indem er sich zu bilateralen Gesprächen zwischen Niedersachsen und dem Bund vom Vorstand der Niedersachsen-SPD die Zustimmung holte. Doch in den Verhandlungen gab es keinen Durchbruch.[67]

---

65 Vgl. Salzgitter-Zeitung 21., 22., 23.6., 10.11.1995.

66 Vgl. Salzgitter-Zeitung 17.5., 20.5.1996.

67 Vgl. Salzgitter-Zeitung 1.5.1997, 10.5.1997.

9 Weisungsbedingter Genehmigungsentwurf Schacht Konrad 1997

Das Wortprotokoll des Erörterungstermins war nach dem Ende des Termins noch nicht allen Betroffenen zugänglich, die Kontroverse zwischen dem Land Niedersachsen und dem Bund über die Landeszuständigkeit im Bereich des Berg- und Wasserrechts nicht ausgeräumt, doch ungeachtet vieler noch klärungsbedürftiger Fragen und unvollendeter Vorarbeiten für einen Planfeststellungsbeschluss leitete Bundesumweltministerin Angela Merkel am 9.9.1997 der Niedersächsischen Umweltministerin Monika Griefahn im Rahmen der Weisungskompetenz den Entwurf eines positiven Planfeststellungsbeschlusses mit der Androhung eines Sofortvollzuges der Genehmigung zu, um die aufschiebende Wirkung von Klagen außer Kraft zu setzen.[68]

Der Entwurf schlug ein wie eine Bombe! Das Wort *Empörung* trifft es nicht, dieses für mich unfassbar dreiste Vorgehen zu beschreiben. Ich hatte trotz der bisherigen lenkenden Eingriffe in das Verfahren durch den Bund nicht damit gerechnet, dass das Bundesumweltministerium in Person Angela Merkels tatsächlich so weit gehen würde,

68 Bundesministerium für Umwelt, Naturschutz und Reaktorsicherheit, Weisung vom 9.9.1997 – RS III 1 – 14842/5.4.

die Genehmigung anzuweisen und sich damit das eigene Projekt zu genehmigen. Mein Vertrauen in rechtsstaatliche Verfahren war nunmehr nachhaltig erschüttert worden.

10 Bündnis Salzgitter gegen Konrad 1997

Merkels Lösung des Genehmigungsproblems mit dem Land Niedersachsen löste in mir eine ungeheure Wut aus, die nach Betätigung verlangte und sich 1997 in der Gründung des „Bündnisses Salzgitter gegen Konrad“ niederschlug. Es gelang mir, 14 Gruppen wie die Arbeitsgemeinschaft Schacht Konrad, den BUND, den NABU, das Landvolk, Parteien – mit Ausnahme der CDU und FDP – und Institutionen, u.a. die IG Metall Salzgitter und die Ev.-luth. Propstei Salzgitter-Bad mit 13 Kirchengemeinden sowie Einzelpersonen unter dem Begriff „Bündnis Salzgitter gegen Konrad“ zusammenzuführen. Ziel war, die Breite und Vielfältigkeit des Widerstands darzustellen, um in der Region und darüber hinaus besser in der Ablehnung Schacht Konrads als Atommüllendlager wahrgenommen zu werden. Die Geschäftsführung des Bündnisses übernahm die IG Metall in Salzgitter, neben der AG Schacht Konrad und später dem Landvolk eine der „Lokomotiven“ im Widerstand gegen Schacht Konrad.[69]

69 Mein Schreiben vom 22.4.1997 an potenzielle BündnispartnerInnen mit Darstellung der Ziele, Motivation und Grundlagen gemeinsamen Handelns.; Vgl. Konrad aktuell Nr. 41 Juli 1997; u.a. „Initiative 2000 – Gewerkschafter gegen Konrad; vgl. Salzgitter-Zeitung 1.6.2000.

Das Bündnis organisierte nach seiner Gründung eine Vielzahl von Aktionen, die das Endlagerproblem nicht in Vergessenheit geraten lassen sollten, u.a. Informationsveranstaltungen[70], Flugblatt-Aktionen mit dem Aufruf zum Widerstand gegen den zu erwartenden Planfeststellungsentwurf[71], Unterschriften-Aktionen, gerichtet an den Rat der Stadt Salzgitter, sich einer Resolution gegen Konrad nicht zu verweigern und die besondere Verantwortung für die Region wahrzunehmen[72], Veröffentlichungen u.a. „Der Tod tanzt in Salzgitter"[73], eine an das Bundesumweltministerium gerichtete Postkartenaktion mit der Forderung nach dem Stopp des Konrad-Projektes.[74] Das Bundesumweltministerium verwies darauf, „daß alle Genehmigungsvoraussetzungen für das Endlager Konrad erfüllt sind".[75]

Aktiv war das Bündnis auch über Kooperationen mit anderen Partnern bei großen Veranstaltungen, Demonstrationen und Konzerten gegen die Genehmigung Konrads und die damit verbundenen politischen Händel, so z.B. bei einer

70 Vgl. Salzgitter-Zeitung 14.6.1997.

71 Vgl. Salzgitter-Woche am Sonntag 21.9.1997.

72 Vgl. Salzgitter-Zeitung 10.10.1997, Salzgitter-Woche am Sonntag 12.10.1997.

73 Vgl. Konrad-Aktuell Nr. 43 vom 11.7.1998.

74 Vgl. Salzgitter-Zeitung 3.6.1998; Salzgitter-Woche am Sonntag 7. und12.6.1998.

75 Schreiben des Bundesumweltministeriums vom 11.9.1998.

zweitägigen Veranstaltung am 5./6.6.1998 mit dem Titel „Musiker gegen Konrad“[76], im September 1999 beim dreitägigen „Schicht-im-Schacht-Festival“ mit mehr als 30 Bands in Bleckenstedt.[77] Am 10. Oktober gab es unter dem Titel „Gewitter in Salzgitter“ neben dem Gottesdienst, einer Kundgebung und Kultur ein großes Feuerwerk.[78]

---

76 Vgl. Konrad-Aktuell Nr. 43 vom 11.7.1998, Salzgitter-Zeitung 14.6., 18.9.1997; Salzgitter-Woche am Sonntag 21.9.1997.

77 Vgl. Salzgitter-Zeitung 13.9.1999.

78 Vgl. Salzgitter-Zeitung 5., 10., 11.10.1999.

11 Rot-grüne Bundesregierung 1998

11.1 Koalitionsvertrag

1998 endete die seit 1982 durchgängige 16-jährige Regierungszeit der CDU/CSU unter Helmut Kohl. Ab Oktober 1998 trat eine rot-grüne Regierungskoalition mit Gerhard Schröder als Kanzler und Jürgen Trittin als Bundesumweltminister mit dem Ziel des Atomausstiegs an.

Im Koalitionsvertrag vom 20.10.1998, in dem der Atomausstieg vereinbart worden war, gab es zum Konrad-Projekt keine Aussage. Hervorgehoben wurde, dass das bisherige Entsorgungskonzept für radioaktive Abfälle gescheitert sei. Ein nationaler Entsorgungsplan solle erarbeitet werden. Für die Endlagerung aller Arten radioaktiver Abfälle reiche ein einziges Endlager in tiefen geologischen Formationen. Die Energiekonsensgespräche sollten weitergeführt werden.[79]

Auf die Möglichkeit der Bereitstellung nur eines zentralen Endlagers für alle Arten radioaktiver Abfälle, also für hoch-, schwach- und mittelaktiven Abfall, hatte Monika Griefahn bereits 1994 im Landtag in ihrer Antwort auf einen Entschließungsantrag der Grünen zum The-

---

79 Koalitionsvertrag vom 20.10.1998 *https://www.spd.de/.../koalitionsvertrag_bundesparteitag_bonn_199...* (Zugriff 31.3.2021); Salzgitter-Zeitung 16.10.1999.

ma „Ablehnung des Endlagers Schacht Konrad“ hingewiesen. „Der Standort hierfür muss im Rahmen eines breit akzeptierten und sicherheitsorientierten Standortfindungsprogrammes erkundet werden. Dabei ist insbesondere eine bundesweite Prüfung von Alternativen in verschiedenen geologischen Formationen nach allgemeinen Sicherheitskriterien erforderlich. In diesem Kontext ist das geplante Endlager Konrad überflüssig, da es für die zentrale Endlagerung ungeeignet ist.“[80]

Bundesumweltminister Trittin kündigte auf dem Landesparteitag der Grünen in Stade im November 1998 an, dass er das Konrad-Projekt „in einem sauberen, rechtsstaatlich einwandfreien und entschädigungsfreien Verfahren“ regeln werde.[81]

Meine Haltung war ambivalent. Einerseits wurde zu Konrad keine Aussage im Koalitionsvertrag gemacht. Das ließ angesichts der Energiekonsensgespräche und des positiven Planfeststellungsentwurfs aus dem Bundesumweltministerium nichts Gutes erwarten. Andererseits enthielt der Vertrag die Festlegung auf nur ein Atommüllendlager für alle Arten radioaktiver Abfälle. In Konrad könnten jedoch keine hochradioaktiven, wärmeentwickelnden Abfälle eingelagert werden, weil das Deckgebirge um nicht mehr als 3 Grad Cel-

---

80 Vgl. Niedersächsisches Umweltministerium, Presseinformation Nr. 175/94 vom 19.10.1994.

81 Salzgitter-Zeitung 24.11.1998.

sius erwärmt werden konnte. Ich klammerte mich, wenn auch mit Zweifeln, an diesen Strohhalm.

11.2 Atompolitik

Zwischen Schröder und Trittin entbrannte 1998 ein Streit über Fragen der Atompolitik. Trittin hatte die Kommissionen für Reaktorsicherheit und Strahlenschutz aufgrund ihrer einseitigen Besetzungen aufgelöst. Das traf auf scharfe Kritik Schröders, der Trittin vor Alleingängen warnte. Wer die Konsensgespräche gefährde, stelle „die getroffene politische Übereinkunft in Frage, die ein wichtiger Bestandteil der Koalition ist“.[82] In Folge wurde Bundeswirtschaftsminister Müller Verhandlungspartner in den Gesprächen mit den wichtigsten Kraftwerks-Eigentümern. Trittin wurde auf Wunsch Schröders nicht einbezogen.[83]

Müller handelte eine Vorverständigung mit den Kraftwerks-Eigentümern aus. Eckpunkte des Papiers waren u.a. die Gesamtlaufzeit der Atomkraftwerke und die Unterbrechung der Erkundungsarbeiten für das Endlager Gorleben bis spätestens 2025. Schacht Konrad sollte als Atommüllendlager genehmigt werden, aber vorerst nicht in Betrieb gehen. Der Sofortvollzug zum Bau des Endlagers

82 Salzgitter-Zeitung 23., 24.12.1998.

83 Vgl. Salzgitter-Zeitung 20.1.1999.

werde aufgehoben.[84] Erst nach Beendigung des Klageweges könnte bei einem negativen Ausgang für Klagende das Endlager gebaut werden.

Die Grünen akzeptierten die ausgehandelten Eckpunkte in zentralen Punkten nicht.[85] Schröder, Müller und Trittin konnten sich nicht auf eine gemeinsame Haltung gegenüber der Atomindustrie einigen.[86] Eine Arbeitsgruppe wurde eingesetzt, die bis zum 30. September Klarheit über einen juristisch abgesicherten und entschädigungsfreien Ausstieg aus der Atomenergie schaffen sollte.[87]

11.3 Arbeitskreis Auswahlverfahren Endlagerstandorte (AkEnd) 1999

Der Koalitionsvereinbarung der rot-grünen Bundesregierung folgend wurde 1999 der Arbeitskreis Auswahlverfahren Endlagerstandorte (AkEnd) als unabhängiger Arbeitskreis des deutschen Bundesministeriums für Umwelt, Naturschutz und Reaktorsicherheit eingerichtet. Er hatte die Aufgabe, erstmals wissenschaftlich fundierte Kriterien für die Suche nach einem Endlagerstandort für radioaktiven Abfall aufzustellen. Neben Kriterien für die geologische Eignung wie Salzgestein,

---

84 Vgl. Salzgitter-Zeitung 21.6.1999.

85 Vgl. Salzgitter-Zeitung 22.6.1999.

86 Vgl. Salzgitter-Zeitung 2.7.1999.

87 Vgl. Salzgitter-Zeitung 8.7.1999.

Granit, Ton oder ein anderes Wirtsgestein sollte der AkEnd auch ein geeignetes Suchverfahren mit Beteiligung der Öffentlichkeit entwickeln. Zu Beginn des ersten Workshops des AkEnds, zu dem aus ganz Deutschland Strahlenschutzexperten und Anti-Konrad-AktivistInnen angereist waren, wurde vor dem Hintergrund der angekündigten Konrad-Genehmigung u.a. kritisiert: „Der Arbeitskreis reduziert sich auf eine Spielwiese." Endlagerpolitik werde wie bisher betrieben, „nur etwas langsamer und mit mehr Bemühen um Akzeptanz". Für Greenpeace „Grund genug, von vornherein auf einen Diskussionsbeitrag zu verzichten".[88]

11.4 Schwarzer-Peter-Spiel Trittin/Jüttner

Die Installierung des Arbeitskreises hatte bei mir zunächst kaum Interesse gefunden, zumal meine Aufmerksamkeit ohnehin durch eine beispiellos peinliche Inszenierung absorbiert wurde, in der sich Bundesumweltminister Jürgen Trittin und der niedersächsische Umweltminister Wolfgang Jüttner gegenseitig die Verantwortung für die Genehmigung Konrads zuschoben.

In Niedersachsen hatten sich SPD und Grüne in den Jahren der Opposition in ihrer Ablehnung Schacht Konrads fast überboten. Die Verantwor-

88 Salzgitter-Zeitung 20.9.2000.

tungsträger von SPD und Grünen hätten es nunmehr in ihrer Macht gehabt, wenn nötig unter Inkaufnahme einer Entschädigungszahlung an die Energieversorgungsunternehmen, das Konrad-Projekt aufzugeben und zu ihren Versprechen zu stehen. Stattdessen inszenierten Jüttner und Trittin bis zur Genehmigung Schacht Konrads am 22. Mai 2002 ein unwürdiges „Schwarzer-Peter-Spiel".[89]

Während Jüttner das Nein des Landes zu Konrad bekräftigte und Trittin vorwarf, dass er „sich offenbar vom Koalitionsziel verabschiedet habe, nur ein nationales Endlager für Atommüll zuzulassen", wies Trittin die Darstellung als falsch zurück.[90] Es gebe „keine Weisungen von Bedeutung mehr, die wir zurückziehen könnten". Jüttner sei „in der Bescheidung des Planfeststellungsverfahrens völlig frei". Aufgrund drohender Rückzahlungsforderungen in Höhe von 1,4 Milliarden Mark könne der Bund den Antrag auf Einrichtung des Endlagers nicht zurückziehen. Gleichzeitig bekräftigte Trittin, dass in „Deutschland nur ein einziges Endlager für alle Arten von Atomabfällen geplant sei. Schacht Konrad sei für die Aufnahme hochradioaktiven Mülls aber nicht geeignet."[91]

Bei mir war die Hoffnung auf ein Ende Kon-

---

89 Vgl. Die Tageszeitung (taz) vom 5.1.2000.

90 Vgl. Salzgitter-Zeitung 7., 10., 11., 14.9.1999.

91 Vgl. Salzgitter-Zeitung Niedersachsen und die Region sowie Lokalteil 13.9.1999; epd Nr. 108/99 v. 13.9.99.

rads angesichts des Regierungswechsels längst der Ernüchterung gewichen, als Jüttner Trittin „doppelbödiges Verhalten" vorwarf und darauf hinwies, dass das Land keinen Spielraum mehr habe.[92] Von dieser beispiellos peinlichen Schmierenkomödie mit den Akteuren Trittin und Jüttner konnte ich mich nur noch angewidert abwenden. Wie mir ging es vielen Menschen. Die beiden hatten der politischen Kultur in unserem Land einen „Bärendienst" erwiesen, und das Spiel mit der Hoffnung auf die Möglichkeit einer politischen Beendigung des Konrad-Projektes offenbarte die Geringschätzung beider Akteure gegenüber den BürgerInnen.

11.5 Atomkonsens 2000 – Bauernopfer Konrad

Wenige Monate später titelte die Salzgitter-Zeitung: „Bundesregierung und Energieversorger einigen sich auf Konsens zum Atomausstieg". Zu Konrad sei vereinbart worden, dass das Planfeststellungsverfahren nach den gesetzlichen Bestimmungen abgeschlossen werde, und dass der Bund den Antrag auf sofortige Vollziehbarkeit des Planfeststellungsbeschlusses zurückziehe, um eine gerichtliche Überprüfung im Hauptsacheverfahren zu ermöglichen. Damit hätte eine Klage auf-

92 Vgl. Salzgitter-Zeitung 5.1.2000, 18.2.2000.

schiebende Wirkung. Weder die Umrüstung des Schachtes noch eine Einlagerung von Atommüll würden vor Abschluss der Gerichtsverfahren erfolgen.[93]

Im Unterschied zu vielen anderen, die den Zeitaufschub als Erfolg des Widerstands gegen Konrad begrüßten und Hoffnung auf die Kraft der Argumente im Rahmen des Klageverfahrens setzten, erzeugte die Regelung in mir Bitterkeit. Dieser Konsens bedeutete auf der politischen Ebene nunmehr bei negativem Ausgang des Klageweges definitiv die Genehmigung Konrads und darüber hinaus die Zuweisung der Kosten für die juristischen Verfahren an die Konrad-GegnerInnen.

Bei den Grünen kam über den „Konsens" wenig Freude auf. Die Umweltverbände kritisierten die 32 Jahre Laufzeit der Atomkraftwerke ohne festes Ausstiegsdatum und mit offenen Fragen bei der Entsorgung. Schröder hob hervor, dass er „so weit wie möglich Rücksicht auf die Interessen der Unternehmen genommen" habe, die befanden, „das Ergebnis ist vertretbar", auch wenn sie keinen Ausstieg gewollt hätten. CDU-Chefin Angela Merkel kündigte an, dass die Ausstiegspolitik umgekehrt werde, wenn die CDU wieder an die Regierung komme.[94] Der damalige Präsident des Bundesamtes für Strahlenschutz, Wolfram König, betonte,

93 Vgl. Salzgitter-Zeitung Hintergrund 16.6.2000.

94 aaO.

dass es „weiterhin offen (bleibe), ob irgendwann auf Schacht Konrad zurückgegriffen wird“. Ziel der Bundesregierung sei es weiterhin, nur ein nationales Endlager einzurichten. Eine Arbeitsgruppe des Bundesumweltministers suche derzeit nach Kriterien, die ein derartiges Endlager erfüllen müsse.[95]

Hatte Jüttner noch wenige Tage vor dem Konsens vollmundig betont, dass das Land „sofort einen negativen Planfeststellungsbeschluss fassen“ würde, falls ihm das Bundesumweltministerium die nötigen Freiheiten zubillige und das Land „in unserem Handlungsspielraum“ nicht zu sehr einenge[96], so ruderte er wenige Tage später vor den 270 Delegierten der IG Metall in Salzgitter zurück. „Die politischen Möglichkeiten sind mit dem Atomkonsens jetzt sehr eingeschränkt. (...) die Chancen stehen denkbar schlecht, einen negativen Planfeststellungsbescheid hinzukriegen“.[97]

„Auf Werbetour für den Atomkonsens“, titelte die Salzgitter-Zeitung, als Jürgen Trittin vor Beginn des entscheidenden Parteitags der Grünen in Münster beim Landesvorstand in Hannover vorstellig wurde, denn Teile der niedersächsischen grünen Basis lehnten den Konsens zum Atomausstieg ab. Trittin wies darauf hin, dass der Konsens noch kei-

95 Vgl. Salzgitter-Zeitung Lokalteil 16.6.2000.

96 Vgl. Salzgitter-Zeitung 14.6.2000.

97 Vgl. Salzgitter-Zeitung 20.6.2000.

ne Zustimmung zum Endlager Gorleben bedeute und die Bundesregierung daran festhalte, nur ein Atomendlager in Deutschland in Betrieb zu nehmen. Konrad solle zwar von der niedersächsischen Landesregierung genehmigt, aber nicht vom Bund in Betrieb genommen werden.[98]

98 Vgl. Salzgitter-Zeitung 21.6.2000.

12 Bündnis Salzgitter gegen Konrad 2002

Kurz vor der Genehmigung Konrads durch das Niedersächsische Umweltministerium 2002 organisierte das Bündnis im Februar 2002 im voll besetzten Saal der IG Metall in Salzgitter eine öffentliche Veranstaltung, in der ich die Ergebnisse meiner in diesem Jahr erschienenen Dissertation vorstellte:[99]

- Das Konrad-Projekt hat keine Rechtsgrundlage, denn die Entscheidung über das Konzept nicht-rückholbarer Atommüllendlagerung ist angesichts der Irreversibilität und Folgenintensität dieser Form der Endlagerung als wesentliche Entscheidung vom Bundestag zu treffen und gesetzlich festzulegen. Sie kann der Verwaltung nicht im Rahmen eines dynamischen Grundrechtsschutzes im Genehmigungsverfahren für das Projekt überlassen werden.
- Der Langzeitsicherheitsnachweis für Schacht Konrad kann nicht nach dem atomrechtlich geforderten Stand von Wissenschaft und Technik geführt werden. Er kann angesichts der angewendeten Verfahren und Methoden, z.B. der nicht validierten Modellrechnungen zu den Grundwasserbewegungen und zur Radionuk-

99 Vgl. Salzgitter Woche am Sonntag 24.2. und 24.3.2002; Salzgitter-Zeitung 21.2., 21.3.2002, 2.3.2002.

lidausbreitung und der überholten erkenntnis- und wissenschaftstheoretischen Grundlegung, nicht als belastbar angenommen werden.

- Die Zuweisung irreversibler, angesichts der Unzugänglichkeit der Lagerstätte in der Nachbetriebsphase unbeherrschbarer Risiken, die die natürlichen Lebensgrundlagen zerstören und künftige Generationen existenziell gefährden können sowie zum Verlust ihrer Handlungsfreiheit führen, ist weder ethisch verantwortbar noch mit der Umweltstaatszielbestimmung (Art. 20a GG) vereinbar.
- Die Entscheidung für eine nicht-rückholbare Endlagerung steht angesichts ihrer grundlegenden Nicht-Revidierbarkeit zum einen in Spannung zur verfassungsrechtlich garantierten politischen Freiheit der BürgerInnen (Art. 20, Abs. 2 GG), die durch ihre Wahlentscheidung nicht nur einen Wechsel der politischen AkteurInnen, sondern auch der Sachalternativen durchsetzen können. Zum anderen steht sie im Widerspruch zum Demokratieprinzip, das den Wechsel der Mehrheiten und damit der Sachalternativen voraussetzt und erst dadurch grundsätzlich die Akzeptanzverpflichtung der Minderheit gegenüber den Mehrheitsentscheidungen begründet.[100]

---

100 Garms-Babke, Christa, Die Unvereinbarkeit nicht-rückholbarer Endlagerung radioaktiver Abfälle mit dem Grundgesetz – ▸

Auf dieser Grundlage forderte das Bündnis im März 2002 den niedersächsischen Umweltminister Wolfgang Jüttner sowie den damaligen niedersächsischen Ministerpräsidenten Sigmar Gabriel auf, das Genehmigungsverfahren für Konrad bis zur Entscheidung des Bundestages über ein nationales Konzept der Atommüllendlagerung auszusetzen und eine öffentliche Diskussion über die konzeptionelle Ausgestaltung der Endlagerung einzuleiten. Von den Abgeordneten des Deutschen Bundestages, Kanzler Schröder und Bundesumweltminister Trittin wurde gefordert, eine Entscheidung über die Konzeption der Endlagerung zu treffen und gesetzlich festzulegen.[101]

Die Erwiderung aus dem Hause Jüttner erfolgte zeitnah. Es wurde auf die Weisungen des Bundesumweltministeriums verwiesen. Sie würden dem Niedersächsischen Umweltministerium keinen Bewertungsspielraum lassen. Nach einer Entscheidung des Bundesverfassungsgerichtes sei einer Weisung selbst dann zu folgen, wenn sie nicht rechtmäßig ausgeübt werde oder einen Verfassungsverstoß darstelle. Gleichwohl sei die in der Dissertation dargestellte Problematik eines etwaigen Parlamentsvorbehalts auch gesehen und

---

Am Beispiel von Schacht Konrad, Peter Lang, Europäischer Verlag der Wissenschaften, Frankfurt am Main 2002, S. 52 ff.

101 Schreiben des Bündnisses vom 11.3.2002, vgl. auch Salzgitter-Zeitung 21.3.2002.

gegenüber der Bundesaufsicht 1997 angesprochen worden. Das Landesumweltministerium sei aber weisungsgebunden, von der Planrechtfertigung des Konrad-Vorhabens auszugehen. Auch die Überprüfung räumlicher oder methodischer Alternativen im Rahmen des Planfeststellungsverfahrens sei ausgeschlossen.[102]

Auf Bundesebene wurde der Petitionsausschuss des Bundestages mit der Forderung des Bündnisses befasst. Nach einer Stellungnahme aus dem Hause Trittins und der Beratung durch den Bundestag wurde am 13.2.2003, knapp ein Jahr nach der Genehmigung Konrads, das Petitionsverfahren mit negativem Bescheid abgeschlossen.[103] Ich fand nicht nur die Entscheidung falsch und regte mich maßlos darüber auf, sondern ärgerte mich auch über die lange Zeit, die bis zur Bescheidung vergangen war.

---

102 Schreiben des Nds. Umweltministers Jüttner vom 22.4.2002.

103 Schreiben des Petitionsausschusses vom 13.2.2003.

13 Genehmigung für Schacht Konrad 2002

Mit der „Vereinbarung zwischen der rot-grünen Bundesregierung und den Energieversorgungsunternehmen vom 14. Juni 2000“[104] war der Atomausstieg in die Wege geleitet worden. Schacht Konrad war auf der Grundlage des per Weisung vom Bundesumweltministerium am 9.9.1997 erlassenen Genehmigungsentwurfs, der von der rot-grünen Bundesregierung 1998 im Wesentlichen übernommen worden war, Bestandteil des Händels. Am 11. Juni 2001 wurde die Vereinbarung von den AkteurInnen unterzeichnet[105] und im Jahr 2002 durch die Novellierung des Atomgesetzes rechtlich abgesichert. Die Novelle trat am 22. April 2002 in Kraft.

Einen Monat später, am 22. Mai 2002, wurde auf der Grundlage des Planfeststellungsentwurfs aus dem Bundesumweltministerium der positive Planfeststellungsbeschluss und damit die Genehmigung Schacht Konrads als Atommüllendlager vom Niedersächsischen Umweltministerium erteilt.[106] Aus Protest gegen die Genehmigung Konrads kündigten mehrere Umweltverbände ihre Zusammenarbeit mit dem Arbeitskreis Endlagerung

104 Vgl. Der Spiegel Nr. 20 vom 14.5.2001.

105 Vgl. Braunschweiger Zeitung 11.6.2001.

106 Vgl. Salzgitter-Zeitung 4.6.2002.

(AkEnd) auf und forderten auch die darin vertretenen Wissenschaftler auf, „ihre Mitarbeit zu überdenken“. Es sei eine „unglaubliche Doppelzüngigkeit, Schacht Konrad zu genehmigen, während offiziell der Arbeitskreis Endlager des Bundesumweltministeriums noch die Suche nach einem einzigen nationalen Endlagerstandort vorbereite“.[107]

Schacht Konrad war das „Bauernopfer“ geblieben, das Schröder von Anbeginn im Kalkül hatte. Versuche eines Einspruchs der Grünen hatte Schröder mit Hinweis auf die Bedeutung eines Koalitionsvertrages pariert. Aus seiner Sicht sei dieser sehr ernst zu nehmen, aber „man darf ihn nicht als Bibel betrachten, aus der man gutes oder schlechtes Verhalten ableiten könnte“. Ein Koalitionsvertrag werde in einer bestimmten Situation ausgehandelt und aufgeschrieben. Die Regierung müsse aber „pragmatisch handeln“ und gelegentlich auch Dinge tun, die dem Koalitionsvertrag entgegenstehen könnten.[108] Die Grünen parierten.

Ich war grenzenlos enttäuscht. Mein Vertrauen in demokratische Institutionen war angesichts der Weisungspolitik des Bundes, durch die er sich sein eigenes Projekt genehmigt hatte, und die Auslegung des Bundesverfassungsgerichts, das diese Praxis juristisch legitimiert hatte, nachhaltig gestört. Ich war nah am Resignieren, doch die im Dezem-

107 Salzgitter-Zeitung 4.6.2002.

108 Salzgitter-Zeitung 1.3.1999.

ber 2002 veröffentlichten Empfehlungen des 1999 eingesetzten Arbeitskreises Auswahlverfahren Endlagerstandorte (AkEnd) machten wieder Mut.

14 Arbeitskreis Auswahlverfahren Endlagerstandorte (AkEnd) 2002

Am 17. Dezember 2002 wurde Bundesumweltminister Jürgen Trittin der Abschlussbericht „Auswahlverfahren für Endlagerstandorte – Empfehlungen des AkEnd" übergeben. Der AkEnd hatte fünf geowissenschaftliche Ausschlusskriterien und mehrere geo- und sozialwissenschaftliche Abwägungskriterien für die Auswahl eines Endlagerstandortes entwickelt. Zum Vorhaben der Bundesregierung, nur ein nationales Endlager für alle Arten radioaktiver Abfälle zu errichten, kam der Arbeitskreis zu dem Ergebnis, „dass das vorgeschlagene Auswahlverfahren für die Suche nach einem Endlagerstandort für alle radioaktiven Abfälle grundsätzlich ebenso anwendbar ist wie für die Suche nach einem Endlagerstandort für einen Teil der radioaktiven Abfälle".[109] Es sei jedoch vor Anwendung des Verfahrens „festzulegen, für welche Arten von Abfällen ein Standort gesucht wird".[110] Generell gelte, dass bei der Endlagerung aller Abfälle an einem Standort alle aus verschiedenen Abfallarten resultierenden Anforderungen zugleich erfüllt sein

109 Broschüre des Arbeitskreises Auswahlverfahren Endlagerstandorte (AkEnd), Auswahlverfahren für Endlagerstandorte des AkEnd, Empfehlung des AkEnd 2002, S. 7 (s. auch www.akend.de).

110 aaO.

müssten. Das schränke die Anzahl potenziell geeigneter Standort ein. Die Suche sollte auf einer „weißen Deutschlandkarte“ stattfinden, also ohne Vorfestlegung auf einen bestimmten Standort,[111] und es sollten „zumindest zwei Endlagerstandorte auf ihre Eignung untertägig erkundet werden, bevor die Entscheidung für den Endlagerstandort fällt“.[112]

Die Empfehlungen des AkEnd hatten sechs Monate nach der Genehmigung Konrads keine Auswirkungen auf das Projekt und zu diesem Zeitpunkt ohnehin keine Rechtsrelevanz. Konrad blieb mit Hinweis auf Entschädigungsansprüche der Energieversorgungsunternehmen Bestandteil des Energiekonsenses. Das Oberverwaltungsgericht Niedersachsen, das in erster Instanz über die Klagen gegen das Konrad-Projekt zu entscheiden hatte, stellte später in seinem Urteil vom 8.3.2006 fest, dass kein Mangel darin bestehe, „dass alternative Standorte nicht umfassend und vergleichend untersucht worden sind. Ein derartiges Standortsuchverfahren ist nach den geltenden atomrechtlichen Bestimmungen nicht vorgesehen.“[113]

Meine kurzzeitig aufgeflammte Hoffnung auf das zwischen der rot-grünen Regierungskoalition vereinbarte Ein-Endlager-Konzept erfüllte sich

111 aaO., S. 18 f.

112 aaO., S. 8.

113 Pressemitteilung des Oberverwaltungsgerichts vom 8.3.2006.

auch vor dem Hintergrund der vom AkEnd erarbeiteten Empfehlungen nicht. Konrad, politisch gewollt als Verhandlungsmasse für den Atomausstieg, blieb mit Hinweis auf Entschädigungsansprüche der Energieversorgungsunternehmen Bauernopfer im Energiekonsens.

Aber es sollte noch deprimierender werden.

15 Oberverwaltungsgericht 2003 – 2006

Die Klage der Landwirte Gerhard und Walter Traube, stellvertretend auch für 290.000 EinwenderInnen und vom Rechtshilfefonds finanziell unterstützt, wurde am 19. September 2003 beim Oberverwaltungsgericht eingereicht. Vom 28. Februar bis 2. März 2006 fanden die mündlichen Verhandlungen für die vier Klagen der Stadt Salzgitter sowie der Kommunen Vechelde und Lengede und der Landwirte Traube statt.[114] Am 8. März 2006 wurden unter großem Medieninteresse die Urteile verkündet. Die Klagen wurden vom Oberverwaltungsgericht als unzulässig abgewiesen. Die Kommunen seien nach Auffassung des Gerichts nicht klageberechtigt, weil sie nicht in ihren Rechten betroffen seien. Sie würden durch das Endlager weder in ihrer Planungshoheit noch als Eigentümerinnen von Grundstücken oder Betreiberinnen kommunaler Einrichtungen berührt. Die Landwirte Traube seien zwar klageberechtigt, doch die Klage sei unbegründet und daher abzuweisen. Sie würden in ihren Rechten nicht verletzt.[115]

---

114 Vgl. Salzgitter-Zeitung 1. und 2.3.2006.

115 Niedersächsisches Oberverwaltungsgericht – 7. Senat –, Urteil vom 8.3.2006, Az: 7 KS 128/02; Presseinformation des Oberverwaltungsgerichtes vom 8.3.2006

Das Oberverwaltungsgericht kam mit einer nicht inhaltlichen, sondern nur formalrechtlichen Prüfung der Klage Traubes zu dem Ergebnis,

- dass das durchgeführte Verwaltungsverfahren keine Mängel erkennen lasse;
- der Bedarf für das Vorhaben Konrad angesichts der gesetzlichen Verpflichtung des Bundes, Anlagen zur Endlagerung für den bereits angefallenen und noch weiter zu erwartenden Atommüll bereitzustellen, gegeben sei;
- dass es neben den vorhandenen gesetzlichen Grundlagen im Atomgesetz keines ausdrücklichen Beschlusses des Parlaments über die Form der Endlagerung bedürfe, dieser könne der Verwaltung überlassen werden;
- dass für die atomrechtliche Planfeststellung gemäß § 9 Atomgesetz das fachplanerische Abwägungsgebot nicht zu gelten habe. Die Planfeststellung sei nur eine „gebundene Entscheidung". Eine Planfeststellung mit einem strikt einzuhaltenden engen Prüfprogramm sei ausreichend;
- dass der Schutz künftiger Generationen nicht zum Anlass für Rügen genommen werden könne. Traube könne weder für sich noch für seine Kinder ein Recht auf Nachweltschutz reklamieren und somit auch keine Einwände gegen den Langzeitsicherheitsnachweis geltend machen. Er sei heute nicht von eventuellen

Beeinträchtigungen in der Zukunft betroffen. Der erbrachte Langzeitsicherheitsnachweis könne nicht erschüttert werden.[116]

Es gebe keinen Zweifel, dass der Standort geeignet sei. Das Gericht ließ keine Revision zu.[117]

15.1 Reaktionen auf die Entscheidung des Oberverwaltungsgerichts

Es war eine niederschmetternde Entscheidung des Gerichts, mit der ich angesichts der grundsätzlichen Bedeutung nicht-rückholbarer Endlagerung aufgrund ihrer neuen Dimension Irreversibilität (ein Rückbau der unzugänglichen Lagerstätte ist ausgeschlossen) und ihrer Folgenintensität im Schadensfall nicht gerechnet hatte. Auch die Arroganz und die insbesondere auf den Nachweltschutz bezogene Kaltschnäuzigkeit, mit der die RechtsvertreterInnen der Gegenseite in der Verhandlung auftraten, machte mich sprachlos.

Im „Thema der Woche" in der Salzgitter-Zeitung schrieb der Kommentator unter dem Titel „Nachweltmenschen – Auch unsere Erben müssen geschützt werden":

„Es gibt kein Recht auf Nachweltschutz. (…) Ich glaubte, mich verhört zu haben." Denn „wenn

116 aaO.

117 aaO.

ein juristisches System die Persönlichkeitsrechte des Menschenfressers Armin Meiwes schützt, gleichzeitig aber unsere Nachwelt für nicht schützenswert hält, stimmt etwas damit nicht."[118]

Mit seiner Entscheidung hatte das Gericht die inhaltliche Prüfung der Klage Traubes verwehrt. Es widersprach dem geltend gemachten Parlamentsvorbehalt über die Form der Atommüllendlagerung. Diese Entscheidung könne der Verwaltung im Rahmen des Planfeststellungsverfahrens überlassen werden. Gleichzeitig wurde jedoch das Planfeststellungsverfahren in eine sogenannte *gebundene Entscheidung* umgedeutet. Damit war von der Verwaltung nur ein enges Prüfprogramm anzulegen. Die Prüfungen von Alternativen zur Konzept- und Standortentscheidung für ein Atommüllendlager fielen so durch das Prüfraster. Verwehrt wurde Traube auch das Recht auf Nachweltschutz, das er für sich und seine Kinder eingefordert hatte. Damit wurde die Umweltstaatszielbestimmung (Art. 20a GG) ad absurdum geführt.

Die Entscheidung des Oberverwaltungsgerichts wurde von einer breiten Öffentlichkeit mit Empörung aufgenommen und als politisch motiviert kritisiert. Eine Entscheidung, die das Vertrauen in rechtsstaatliche Verfahren und die Unabhängigkeit der Justiz beschädige. Der damalige Bundesum-

118 Salzgitter-Zeitung 4.3.2006.

weltminister Sigmar Gabriel[119] erklärte zum Urteil, dass er in seiner Funktion als Vorsitzender des SPD-Bezirks Braunschweig, als SPD-Landespolitiker und Bundestagsabgeordneter für die Region Salzgitter „die Kritik an den Plänen für das Endlager Schacht Konrad immer geteilt“ habe, nun sei er Chef des Bundesumweltministeriums, das den Antrag auf Einrichtung des Endlagers gestellt habe und das das Projekt „für geeignet hält“. Fest stehe, dass die Einrichtung eines Endlagers nun „sehr wahrscheinlich geworden“ sei.[120]

---

119 Von Dezember 1999 bis März 2003 Ministerpräsident von Niedersachsen, Juni 1990 bis Oktober 2005 Mitglied des Niedersächsischen Landtages, Oktober 2005 bis November 2019 Mitglied des Deutschen Bundestages.

120 Vgl. Bundesumweltministerium Pressemitteilung Nr. 040/06 vom 8.3.2006.

16 Bundesverwaltungsgericht 2006 – 2007

Das „Bündnis Salzgitter gegen Konrad“ begleitete das Klageverfahren Traubes vom Oberverwaltungs- über das Bundesverwaltungs- und das Bundesverfassungsgericht bis zur Entscheidung des Europäischen Menschenrechtsgerichtshofs mit vielen Aktionen, Veranstaltungen und Spendenkampagnen für den Rechtshilfefonds Konrad zur Unterstützung der Klage.[121]

Nach Einreichung der Nichtzulassungsbeschwerde der Klage Traubes am 2.9.2006 durch die Rechtsanwältin Traubes gegen die Revisionsverwehrung des Oberverwaltungsgerichts wies das Bundesverwaltungsgericht nach nur formalrechtlicher Prüfung der Entscheidung des Oberverwaltungsgerichts die Klage in seinem Beschluss vom 26.3.2007 zurück, ebenso die der Stadt Salzgitter und der Gemeinden Lengede und Vechelde. Die Kläger hätten nicht dargelegt, dass der Sache grundsätzliche Bedeutung im Sinne der Fortbildung des Rechts zukomme oder die Entscheidungen des Oberverwaltungsgerichts von der höchstrichterlichen Rechtsprechung abwichen; sie hätten auch keine Verfahrensfehler aufgezeigt.

Damit wurde das Urteil des Oberverwaltungs-

---

121 Vgl. Salzgitter-Zeitung 6.6., 31.7.2007, 5.4.2014.

gerichts Lüneburg vom 8.3.2006 rechtskräftig.[122]

16.1 Reaktionen auf die Entscheidung des Bundesverwaltungsgerichts

Wieder eine Enttäuschung, doch die Rechtsanwältin Traubes war bereits im Vorfeld skeptisch hinsichtlich der Erfolgsaussichten gewesen. Die Anrufung des Bundesverwaltungsgerichts und damit die Einhaltung des Instanzenweges sei jedoch Voraussetzung zur Anrufung des Bundesverfassungsgerichts,[123] auf das ich trotz der bisherigen Negativerfahrungen mit rechtsstaatlichen Verfahren allergrößte Hoffnung setzte.

Die taz hatte unter Rekurs auf die Entscheidung des Bundesverwaltungsgerichts getitelt: „Gabriel will Atomklo Konrad". Für den früheren Konrad-Skeptiker Gabriel, „erst seit einigen Wochen auf einen Pro-Kurs umgeschwenkt", sei die Sache nunmehr klar, von den Protesten in der Region zeige er sich nur wenig beeindruckt. „Wir setzen das jetzt um", so nunmehr seine Position. Für die Region kündigte er einen „Fonds an, der Projekte finanziell fördern soll". [124]

---

122 Bundesverwaltungsgericht, Beschluss vom 26.3.2007, BVerwG 7 B 74.06, und Pressemittelung Nr. 22/2007 vom 3.4.2007.

123 Vgl. Salzgitter-Zeitung 15.9.2006.

124 Die Tageszeitung (taz) 22.5.2007.

Diesen sogenannten „Regionalfonds“ stellte Bundesumweltminister Gabriel im Mai 2007 bei einem Informationsgespräch in Salzgitter der Stadt und VertreterInnen der umliegenden Kommunen in Aussicht als Ausgleich dafür, dass die „Region Lasten für die gesamte Bundesrepublik Deutschland“ schultere. Tenor von LeserbriefschreiberInnen u.a.: „Ein Rattenfänger geht in Salzgitter auf Beutefang“, auch „Schade um die Steuergelder“.[125] Vor der nachfolgenden Einfahrt in Schacht Konrad erklärte er zu Forderungen Demonstrierender nach Umsetzung des Ein-Endlager-Konzepts, dass dieses immer einen Kompromiss „zulasten der Sicherheit bedeuten“ würde. Die Prüfung alternativer Endlagerstandorte sei sein Vorschlag für Gorleben, nicht für Konrad, „das stand nie zur Debatte“.[126]

Das „Bündnis Salzgitter gegen Konrad“ hatte seine Einladung zum Informationsgespräch in einem Offenen Brief abgelehnt und auf eine geplante Großdemonstration im Oktober 2007 gegen Schacht Konrad und die mit diesem Projekt verbundenen politischen Händel verwiesen.[127] Die Großkundgebung mit über 2000 TeilnehmerInnen fand am 13.10. auf dem Rathausvorplatz in

125 Salzgitter-Zeitung 31.5.2007.

126 Salzgitter-Zeitung 22.5.2007.

127 Offener Brief an Bundesumweltminister Gabriel vom 16.5.2007.

Salzgitter-Lebenstedt statt. Namhafte Bands wie z.B. *Don't beat Bubu* oder die Band *Oomph* mit den Gewinnern des 2007er Bundesvision Songcontests unterstützten mit ihren Solidaritätsauftritten und deutlicher Stellungnahme gegen Konrad die Demonstration.[128]

Seit der Einreichung der Klage der Landwirte Traube beim Oberverwaltungsgericht im September 2003 bis zur Entscheidung des Bundesverwaltungsgerichts im März 2007 war eine lange Zeit vergangen. Meine Enttäuschung und mein Zorn über die Gerichte, die sich offensichtlich angesichts des politisch brisanten Gegenstands der Klage nur auf eine formalrechtliche Prüfung zurückgezogen hatten, setzte erneut Energien frei, aus denen neues Engagement entstand. Ich initiierte 2007 gemeinsam mit einer Frau aus der ersten Stunde des Konradwiderstandes, Rosemarie Streich, eine „Mahnwache gegen Konrad" am Monument in Salzgitter-Lebenstedt[129] und nahm eine Kandidatur zur niedersächsischen Landtagswahl 2008 an, auf die ich noch eingehe.

Die Mahnwache diente angesichts der langen Verfahrensdauer dazu, Konrad nicht in Vergessenheit geraten zu lassen. Wir erhielten viel verbale Unterstützung von PassantInnen, erlebten aber auch Unwissenheit über die Absicht des Bundes, in

128 Vgl. Salzgitter-Zeitung 15.10.2007.

129 Vgl. Salzgitter-Zeitung 6.6. und 31.7.2007.

Salzgitter ein Atommüllendlager einzurichten, und oft genug schlug uns Resignation entgegen. Nur selten wurde die Einlagerung in Konrad verteidigt: „Irgendwo muss das Zeug ja hin." Die Mahnwache findet seit diesem Zeitpunkt mit Ausnahme der Schulferien an jedem ersten Freitag im Monat am Stadtmonument in Lebenstedt, seit meinem Umzug 2017 ohne mich, statt.[130]

130 Vgl. Salzgitter-Zeitung 5.4.2014.

17 Bundesverfassungsgericht 2007 – 2009

Im April 2007 war die Verfassungsbeschwerde Traubes eingelegt worden.[131] Mit großer Hoffnung blickte ich nach Karlsruhe, doch bereits 2008 wurde diese verhaltener. Das Bundesverfassungsgericht hatte die Beschwerde der Stadt Salzgitter abgelehnt. Sie sei nicht beschwerdefähig hinsichtlich der Einhaltung der Grundrechte ihrer BürgerInnen, sondern das seien nur die BürgerInnen selbst. Am 10. November 2009 schließlich erfolgte die Entscheidung, dass die Beschwerde des Landwirts Walter Traube (Gerhard Traube war mittlerweile verstorben) nicht zugelassen werde.

Das Bundesverfassungsgericht ging erstaunlicherweise trotz Abweisung der Beschwerde recht ausführlich darauf ein. Es führte u.a. aus:

- dass die dem Planfeststellungsbeschluss zugrunde liegenden Vorschriften des Atomgesetzes für die Endlagerung von radioaktiven Abfällen mit vernachlässigbarer Wärmeentwicklung verfassungsrechtlich nicht bedenklich seien. Ob und inwieweit diese auch für die Endlagerung wärmeentwickelnder radioaktiver Abfälle Geltung beanspruchen könnten,

131 Vgl. Salzgitter-Zeitung 5.4., 7.4.2007.

bleibe offen;

- dass einzelne Bürger keinen grundrechtlich geschützten Anspruch auf nur reversible Entscheidungen des Gesetzgebers hätten und Restrisiken hinzunehmen hätten;
- dass die Fragen, ob sich ein Bürger auf Art. 20a GG berufen könne, der als solcher keine subjektiven Rechte des Einzelnen begründe, und die Anerkennung eines exekutiven Funktionsvorbehalts im Atomrecht mit verfassungsrechtlichen Anforderungen des Art. 19 IV 1 GG vereinbar sei, offen blieben;
- dass sich aus dem Grundgesetz kein verfassungsbeschwerdefähiges Grundrecht auf Nachweltschutz ableiten lasse und dass es kein Verstoß gegen Grundrechte sei, dass die atomrechtliche Planfeststellung als gebundene Entscheidung eingestuft werde, für die das fachplanerische Abwägungsgebot nicht gelte.[132]

Ich war nach dieser Entscheidung sehr niedergeschlagen. Die Nichtannahme der Verfassungsbeschwerde war ein weiterer schwerer Schlag für den Konrad-Widerstand und angesichts der Ergebnisse meiner Dissertation insbesondere für mich persönlich. Nun blieben nur noch der Gang zum Europäischen Menschenrechtsgerichtshof und eifriges

132 Bundesverfassungsgericht 3. Kammer des Ersten Senats, Beschluss vom 10.11.2009 – 1 BvR 1178/07.

Spendensammeln zur Finanzierung des weiteren Klageweges.

18 Europäischer Gerichtshof für Menschenrechte 2010 – 2014

Seit Befassung des Oberverwaltungsgerichts mit der Klage der Landwirte Traube im September 2003 über die Nichtzulassungsbeschwerde beim Bundesverwaltungsgericht bis zur Entscheidung des Bundesverfassungsgerichts im November 2009 waren über 6 Jahre vergangen.

Am 25. Mai 2010 legte die Rechtsanwältin Traubes eine weit über die Region hinaus beachtete Beschwerde gegen die Bundesrepublik Deutschland beim Europäischen Gerichtshof für Menschenrechte ein.[133] Die Beschwerde wurde von der 5. Kammer des Gerichtshofs unter Anwendung des Art. 8 der Menschenrechtskonvention unter den Fragestellungen geprüft, ob der wesentliche Inhalt der Regierungsentscheidung für das Endlagerprojekt mit seinem Umweltbezug mit Art. 8 der Konvention vereinbar sei und ob im Entscheidungsfindungsprozess die Interessen Einzelner ausreichend berücksichtigt worden seien. Das Verfahren in Straßburg dauerte noch einmal über 4 Jahre. Im Ergebnis zog sich die Kammer in allen Punkten auf die Bewertung der deutschen Gerichte zurück und stellte fest, dass der Antrag unzulässig sei.[134]

---

133 Vgl. Salzgitter-Zeitung 28.4.2010, 15.6.2010.

134 Europäischer Gerichtshof für Menschenrechte, 5. Kammer, Beschluss Antrag Nr. 28711/10 vom 9.9.2014; deutsche ▸

Der Instanzenweg bis zum Europäischen Menschenrechtsgerichtshof war 2014 nach 11 Jahren voller Hoffen und Bangen, Unverständnis über Entscheidungen, Enttäuschung und Wut an sein Ende gekommen. Die Kosten des durch Spendengelder[135] getragenen Gesamtverfahrens betrugen an die 250.000 Euro. Die Enttäuschung bei uns GegnerInnen des Projekts war riesengroß. Wir hatten auf dem Klageweg eine Niederlage nach der anderen erlitten, und es gab nun keine Hoffnung mehr auf eine juristische Verhinderung Konrads. Rechtsvorschriften waren so interpretiert worden, dass die dargelegten Argumente gegen den Plan Schacht Konrad nicht inhaltlich geprüft wurden. Wir hatten verloren. Das war bitter!

Doch es sollte weitergehen.

Übersetzung vom 13.10.2014 durch Frau Veronika Spanke, Dortmund, ermächtigt für den Bezirk des Oberlandesgerichts Hamm.

135 In mannigfaltigen Veranstaltungen, wie Konzerten u.a. der Gruppe *Don't Beat Bubu* am 9.11.2002, Veröffentlichungen des Rechtshilfefonds Schacht Konrad, z.B. am 28.4.2013, und in regelmäßigen Veröffentlichungen, wie „Konrad aktuell“, z.B. in Nr. 41 vom 15.7.1997, Nr. 42 vom 5.2.1989. Nr. 44 vom 1.7.1999, Spenden von Einzelpersonen, Parteien und vielen anderen.

19 Kommission „Lagerung hochradioaktiver Abfallstoffe" 2014

Ebenfalls 2014 war eine Kommission zu Fragen der Atommüllendlagerung auf der Basis des Standortauswahlgesetzes aus dem Jahr 2013 eingesetzt worden. Die Kommission „Lagerung hochradioaktiver Abfallstoffe" hatte die Aufgabe, Kriterien für die Endlagerung von Atommüll und eine transparent gestaltete BürgerInnenbeteiligung zu erarbeiten. In ihrem Abschlussbericht 2016 befürwortete die Kommission die Errichtung eines Endlagers für alle Arten radioaktiver Abfälle an einem Standort. Basierend auf den Leitprinzipien Reversibilität und Revidierbarkeit empfahl sie die Rückholbarkeit radioaktiver Abfälle in der Betriebsphase und eine Bergbarkeit, die in der Nachbetriebsphase 500 Jahre lang möglich sein solle. Mit der Möglichkeit der Fehlerkorrektur bei unerwarteten Entwicklungen würden künftigen Generationen Handlungsoptionen offengehalten. Mit ihren Empfehlungen war die Kommission von der bisherigen bundesdeutschen Endlagerphilosophie an entscheidender Stelle abgewichen. Nach eigenen Angaben habe sie Lehren aus den Fehlern der Geschichte der vier deutschen Endlagervorhaben, u.a. Schacht Konrad, gezogen.[136]

136 Abschlussbericht der Kommission der „Lagerung hoch-radioaktiver Abfallstoffe", unter: ▸

Kurzfristig fühlte ich Genugtuung. Viele Jahre hatten selbst Konrad-GegnerInnen die nicht-rückholbare Endlagerung befürwortet, deren Scheitern in der ASSE vor Augen. Es war ein langer Prozess der Bewusstseinsbildung, bis es zum Umdenken und zur politischen Forderung nach revidierbaren Entsorgungslösungen kam. Die intellektuelle Grundlage für dieses Umdenken ist in erster Linie der Arbeit meines Mannes zu verdanken, der bereits in unserer schriftlichen Einwendung gegen Konrad, ihrer Diskussion im Erörterungstermin und später in diversen Vorträgen, Bildungsveranstaltungen und Veröffentlichungen den Vorrang rückholbarer Entsorgung von radioaktiven Abfällen geltend gemacht hatte.

Die Empfehlungen der Kommission sind in das Standortauswahlgesetz für ein künftiges Endlager für hochradioaktive Abfälle eingegangen. Die Festlegung rückholbarer Endlagerung mit der Möglichkeit der Bergbarkeit in der Nachbetriebsphase für 500 Jahre wurde für die hochradioaktiven Abfälle festgeschrieben. Damit haben – im erweiterten Sinne – auch die im Planfeststellungsverfahren Schacht Konrad erhobenen Einwände gegen das Konzept der Nicht-Rückholbarkeit radioaktiver Abfälle eine Würdigung gefunden.

Doch leider sind die Einsichten der Kommission

---

https://www.bundestag.de/…/drs_268-data.pdf, S. 26 ff., S. 64 ff. (letzter Zugriff am 10.7.2021) und die darauf basierenden rechtlichen Regelungen für Schacht Konrad nicht fruchtbar gemacht worden. Die Konzeption der Nicht-Rückholbarkeit wird für Konrad unverändert weiterverfolgt. Mit dem Versuch einer nachträglichen Annäherung an den Stand von Wissenschaft und Technik wird der Schacht weiter zum Endlager ausgebaut. Mit der Fertigstellung und der Aufnahme konradgängigen Atommülls wird zurzeit im Jahr 2027 gerechnet. Konrad war und ist wider besseres Wissen politisch gewollt.

20 Landtagswahl in Niedersachsen 2008 – Konrad und ASSE II

Zur Landtagswahl in Niedersachsen 2008 war mir vom Kreisverband Bündnis 90/Die Grünen Salzgitter 2007 für den Wahlkreis 10 Wolfenbüttel-Süd/Salzgitter eine Direktkandidatur angetragen worden.[137] Ich nahm an, denn in diesem Wahlkreis liegen Schacht Konrad und das Atommüllendlager ASSE II. Beiden liegt die Konzeption nichtrückholbarer Endlagerung zugrunde. Bevor ich auf die Landtagswahl eingehe, ist es sinnvoll, zunächst das Endlager ASSE II und die damit verbundenen Probleme kurz zu skizzieren.

20.1 Atommüllendlager ASSE II

Die ASSE, im Unterschied zu Konrad ein Salzgewinnungsbergwerk, wurde zunächst als sogenanntes Versuchsendlager genutzt. Von 1967 bis 1978 wurden als schwachradioaktiv deklarierte Abfälle eingebracht, insgesamt 125.000 Behälter mit schwachradioaktivem und 1300 mit mittelradioaktivem Atommüll. 1995 wurde die Schließung der ASSE vorbereitet. Die Verantwortlichen dafür propagierten, dass in der Nachbetriebsphase von der dann unzugänglich verschlossenen ASSE keine

---

137 Vgl. Wolfenbütteler Zeitung 11.5.2007.

Plakat von BÜNDNIS 90/DIE GRÜNEN

(Abdruck mit freundlicher Genehmigung des Kreisverbands Wolfenbüttel)

Freisetzung von Radionukliden in die Biosphäre erfolgen würde und damit auch keine Gefährdung für Mensch und Umwelt. Bereits 1998 gab es jedoch einen salzhaltigen Laugenzufluss in die ASSE von 11 cbm täglich. Die Zutrittsstelle konnte nicht lokalisiert werden. Es gab Senkungen des Gebirges und Auflockerungszonen, der Grubenbereich war instabil geworden. Der Einsatz einer Magnesiumchloridlösung u.a. in den Einlagerungsbereichen sollte das Problem lösen. In einem letzten Schritt sollte dann das Bergwerk geflutet werden.[138]

Im Umfeld des Endlagers war seit Langem bekannt, dass die ASSE instabil ist und durch den täglich nicht lokalisierbaren Wasserzutritt abzusaufen drohe. Für die noch nicht verschlossene ASSE waren die vollmundigen Sicherheitsaussagen der WissenschaftlerInnen bereits nach 20 Jahren obsolet, das Scheitern nicht-rückholbarer Endlagerung sichtbar geworden. Bundesumweltminister Gabriel[139] bezeichnete im Rahmen einer Podiumsdiskussion die ASSE als „Gau in der Endlagerdebatte".[140]

Gegen die Einlagerung des Atommülls gab es schon früh Widerstand. 2004 schlossen sich Bürgerinitiativen zum Verein „AufpASSEn" zusammen. Ich nahm die Berufung in den wissenschaft-

138 Asse II - der Endlager-GAU | Greenpeace; Bundesgesellschaft für Endlagerung, Asse - BGE (Zugriffe 27.5.2021).

139 Amtszeit November 2005 bis Oktober 2009.

140 Braunschweiger Zeitung 24.5.2006.

lichen Beirat des Vereins an.[141] Es gab vielfältige Aktionen, die Gründung eines Rechtshilfefonds, Podiumsdiskussionen und Fachveranstaltungen.[142] Mit meiner Kandidatur zum niedersächsischen Landtag sah ich die Möglichkeit, im Wahlkampf einer größeren Öffentlichkeit die Probleme nicht-rückholbarer Endlagerung am Beispiel der havarierten ASSE nahebringen zu können, verbunden mit der Forderung nach Rückholung der radioaktiven Abfälle aus der Lagerstätte, die Aufgabe des Konrad-Projektes und des Konzeptes der Nicht-Rückholbarkeit.

---

141 Schreiben des Vereins vom 29.3.2004.

142 u.a. am 20.10.2001. Mein Mann kam in seinem Vortrag „Definition und Kriterien für Endlager" aus einer ethischen Perspektive im Vergleich zur Nicht-Rückholbarkeit zum Vorrang der Rückholbarkeit radioaktiver Abfälle als geringerem Übel. (Wolfenbütteler Zeitung 22.10.2001; DOKUMENTATION - aufpASSEn (Zugriff 27.5.2021). Auch ich plädierte in meinem Vortrag „Die Wahl zwischen Pest und Cholera" am 23.4.2005 aus erkenntnis- und wissenschaftstheoretischem Blickwinkel für die Rückholbarkeit aus Verantwortung gegenüber künftigen Generationen, die bei einer nicht-rückholbaren Endlagerung im Schadensfall einer radioaktiven Verseuchung optionslos ausgeliefert wären. (Wolfenbütteler Zeitung 25.4.2005; DOKUMENTATION beta.aufpassen.org/wp-content/uploads/2015/04/doku2.pdf (Zugriff 27.5.2021).

20.2 KandidatInnenkür zur Landtagswahl 2007/08

Die DirektkandidatInnen der Grünen in Niedersachsen stellten sich und ihre politischen Ziele im Vorfeld zur Landtagswahl 2008 in sogenannten regionalen Vorkonferenzen vor. Anders definiert, es erfolgte der Auftakt zu Kungeleien und Absprachen zwischen Kreisverbänden über die KandidatInnen, denen sie bei der Aufstellung der Landesliste gemeinsam ihre Stimme geben würden, um einen aussichtsreichen Listenplatz für die eigene KandidatIn erreichen zu können.

Es lag eine große Spannung auf dem Landes-Parteitag in Hitzacker. Ich kandidierte für den Platz 2 (gerade Zahlen bedeuteten einen Platz für Frauen), unterlag aber einer anderen Kandidatin. Ich war mir meiner Qualifikation bewusst und wollte mich daher angesichts des Machtpokers und der Vorabsprachen unter den einflussreicheren Kreisverbänden nicht von Platz 4 auf 6 und sonst wohin durchreichen lassen und zog meine Kandidatur für einen Listenplatz zurück.

20.3 Wahlprogramm der Grünen 2007/08 zu Konrad und ASSE

Bereits zu Beginn meiner Landtagskandidatur hatte ich feststellen müssen, dass für die niedersächsischen Grünen zwar das geplante Atommüllendlager Gorleben ganz oben auf ihrer politischen Agenda stand, die ASSE jedoch eher nachrangig schien und Konrad politisch schon abgehakt war.[143] Ich stellte fest, dass im Landtagswahlprogramm zu Konrad keine Aussage vorgesehen war. Vor diesem Hintergrund habe ich im Kreisverband Salzgitter die Initiative ergriffen. Wir konnten erreichen, dass nachfolgender Abschnitt „Kein Atommüll in Schacht Konrad" in den Entwurf des Landtagswahlprogrammes aufgenommen und am 13./14.10.2007 von der Landesdelegiertenkonferenz in Oldenburg beschlossen wurde:

„(...) Nach den Erfahrungen mit ASSE und Morsleben wollen wir, dass das Konzept der wartungsfreien, nicht-rückholbaren Atommüllendlagerung überdacht wird. Wir setzen uns für einen Neubeginn bei der Endlagersuche ein. Weder im Salzstock Gorleben noch im Schacht Konrad dürfen jetzt Fakten geschaffen werden."

In nachfolgenden Landes- und Bundeskonferenzen haben wir unsere Konradforderungen mit Verweis auf die havarierte ASSE stets erneuert, die Aufgabe des Konrad-Projektes und eine breite gesellschaftliche Diskussion über die Konzeption nationaler Atommüllentsorgung gefordert. Für die ASSE wurde von der Landesdelegiertenkonferenz

143 Garms-Babke, Christa, „Schacht Konrad – Bauernopfer rot-grüner Atompolitik", Zeitschrift „extra grün!" Juni 2010.

in Oldenburg beschlossen:

„Die Sicherheitsprognosen für die ASSE haben sich bereits nach 20 Jahren als falsch erwiesen. Es dringt Salzlauge in das Grubengebäude ein, das bereits in seiner Standsicherheit gefährdet ist (...)" Die Bundes- und die Landesregierung wurden aufgefordert, den „atomaren Müll aus dem Atommülllager ASSE II zurückzuholen, und bei der Stilllegung der ASSE Atomrecht anzuwenden".

Für mich war der Landtagswahlkampf von Mai 2007 bis zur Wahl im Januar 2008 spannend, mit vielen neuen Erfahrungen verbunden, aber auch sehr arbeits- und zeitintensiv mit wöchentlich, oft täglich, mehreren Terminen u.a. zu Veranstaltungen, Lesungen, Konzerten, Sitzungen, Pressekonferenzen und Wahlständen, teils mit PolitikerInnen der Landes- und Bundesebene.[144] Die größere Öffentlichkeit über die Endlagerprojekte Konrad und ASSE, die ich im Wahlkampf mit Vorträgen, Podiumsdiskussionen und wissenschaftlichen Diskursen nutzen konnte, hatte zum einen politische EntscheidungsträgerInnen aufgerüttelt und Bewegung in den ASSE-Prozess gebracht, zum anderen ein erhöhtes Spendenaufkommen für die Klage der Landwirte Traube zur Folge.[145]

Die ASSE stand mit einem Mal wieder ganz

144 Vgl. Wolfenbütteler Zeitung und Salzgitter-Zeitung, u.a. 12.10., 30.11.2007, 10., 11.1., 14., 15., 24.1.2008.

145 Vgl. Salzgitter-Zeitung 21.1.2008.

oben auf der politischen Agenda.

Seit 24.3.2009 sind der Betrieb und die Stilllegung der ASSE mit dem 10. Gesetz zur Änderung des Atomgesetzes (§ 57 b AtG) unter Atomrecht gestellt und die Rückholung der Abfälle vorgeschrieben worden. Entscheidenden Anteil an den Entwicklungen zur ASSE hatte der jahrelange, aktionsreiche Einsatz der Mitglieder des Vereins „AufpASSEn". Aus heutiger Sicht ist leider festzustellen, dass der Prozess zur Rückholung der atomaren Abfälle aus der noch offenen ASSE große zeitliche Verzögerungen aufweist. Es drängt sich der Eindruck auf, dass die Rückholung nur halbherzig vorangetrieben und letztendlich die Bergung der Abfälle aufgrund mangelnder Standfestigkeit der Grube nicht mehr möglich sein wird. Wachsamkeit und Widerstand bleiben angesagt.

21 Schacht Konrad im Rat der Stadt Salzgitter 2011 – 2016

Am 11. September 2011 wurde in Salzgitter ein neues Kommunalparlament für die Ratsperiode 2011 bis 2016 gewählt. Ich konnte und wollte nicht akzeptieren, dass es angesichts der neuen Dimension von Irreversibilität und Folgenintensität nicht-rückholbarer Atommüll-Endlagerung, des Scheiterns des Konzepts nicht-rückholbarer Endlagerung in der ASSE, der internationalen Tendenz zu reversiblen Konzepten und den Empfehlungen der Kommission „Lagerung hochradioaktiver Abfallstoffe“ keine politische Lösung auch für die nicht nennenswert wärmeentwickelnden radioaktiven Abfälle und damit für Konrad geben sollte. Angesichts meiner bisherigen Erfahrungen auf dem Klageweg war meine Hoffnung auf einen Erfolg der am 25.5.2010 eingereichten Menschenrechtsbeschwerde nicht sehr ausgeprägt. Auf der kommunalparlamentarischen Ebene konnte indes ein nicht zu unterschätzender politischer Druck auf die EntscheidungsträgerInnen in den Fraktionen auf Landes- und Bundesebene ausgeübt werden. Vor diesem Hintergrund nahm ich die erneute Anfrage der Grünen Salzgitters für eine Ratskandidatur an.

Ich wurde in den Rat der Stadt gewählt. Das Wahlergebnis fiel im Vergleich zu den Vorjahren für Bündnis 90/Die Grünen gut aus. Wir kamen auf 4 Ratssitze[146], die SPD, mit der wir eine Koalition bildeten, auf 21 Sitze. Mit 25 von 46 Mandaten hatten wir zur Umsetzung unserer Vorhaben eine stabile Mehrheit im Rat.

Die am 27.10.2011 unterzeichnete Koalitionsvereinbarung mit der SPD enthielt wesentliche grüne Anliegen. Für Schacht Konrad vereinbarten wir eine Resolution mit der Forderung eines Moratoriums für das Projekt, die Aufgabe des Konzepts nicht-rückholbarer Endlagerung und die Entsorgung aller Arten radioaktiver Abfälle an einem Endlagerstandort in getrennten Bereichen. Damit würde Schacht Konrad, der für die Entsorgung des hochradioaktiven Atommülls nicht geeignet ist, überflüssig. Zudem sollte die Arbeitsgemeinschaft Schacht Konrad einen jährlichen Zuschuss von 16.000 Euro zur Unterstützung ihrer Arbeit erhalten. Als zu berufende Sachverständige in den Umwelt- und Klimaschutzausschuss verständigten wir uns auf eine Konrad-Aktivistin der ersten Stunde, die nach ihrer Berufung mit ihrer kritischen Haltung, ihrem Wissen und ihrer Erfahrung die Arbeit im Ausschuss sehr bereichern sollte.

In der ersten Ratssitzung brachte ich die gemeinsame Resolution von SPD und Grünen zu Schacht Konrad ein. Die CDU/FDP-Fraktion meldete zu

---

146 Bestätigung der Stadt Salzgitter vom 24.10.2011 über die Bildung der Ratsfraktion Bündnis 90/Die Grünen.

den Forderungen noch Gesprächsbedarf an.[147] Es stellte sich jedoch heraus, dass die Auffassungen für eine gemeinsame Resolution zu gegensätzlich waren. Gemeinsam mit den „Mündigen Bürgern Salzgitters“ (MBS) und der „Linken“ brachte ich die Resolution im Dezember erneut in den Rat ein. Wir forderten von der Bundesregierung und dem Bundestag unter Verweis auf die gescheiterte Entsorgung in der ASSE und die Empfehlungen des Arbeitskreises Endlagerung (AkEnd)

- die Aufgabe des Konzepts der nicht-rückholbaren Atommüllendlagerung zugunsten einer dauerhaft rückholbaren Entsorgung;
- die Einbeziehung des Endlagerprojekts Konrad in die Neuregelung der Atommüllentsorgung;
- die Einleitung eines deutschlandweiten Suchverfahrens nach alternativen Entsorgungsstandorten für alle Arten von Atommüll und
- ein Moratorium für Schacht Konrad.

CDU, FDP und der Oberbürgermeister (CDU) stimmten der Forderung nach rückholbarer Entsorgung zu, lehnten das Moratorium für Konrad jedoch ab.[148]

---

147 Vgl. Salzgitter-Zeitung 24.11.2011.

148 Vgl. Salzgitter-Zeitung 15.12.2011.

21.1 Salzgitter Fonds für Schacht Konrad

Vor der Neuwahl des Rates im September 2011 hatte die Mehrheit des noch amtierenden Rates im April 2011 für den von Bundesumweltminister Gabriel bereits nach dem Urteil des Bundesverwaltungsgerichts 2007 in Aussicht gestellten „Konrad-Fonds" gestimmt,[149] im August dann dafür, dass die Stadt mit dem Land Niedersachsen und dem Bund Gesellschafter der Konrad-Stiftungsgesellschaft mbH wird.[150] Grüne und Linke hatten den Fonds abgelehnt, die SPD hatte zwar betont, dass das Geld die Nachteile nicht aufwiege, „dennoch muss man parallel auch darüber reden".[151] Der mit 100 Millionen Euro gefüllte Fonds, benannt als „Konrad-Stiftung", sollte Anerkennung und gerechter Ausgleich für die nationale Verantwortung sein, die Salzgitter mit dem Atommüllendlager in der Stadt übernehme.[152] Das Vergabegremium verfügt über durchschnittlich 3 Millionen Euro jährlich.[153]

Die Annahme des Fonds stieß auf viel Kritik in der Stadt. Das sei „Blutgeld" , andere nannten es eine „Stillhalteprämie für die Stadt" oder auch

149 Vgl. Salzgitter-Zeitung 30.4.2011.

150 Vgl. Salzgitter-Zeitung 25.8.2011.

151 Vgl. Salzgitter-Zeitung 4.5.2011.

152 Vgl. Salzgitter-Zeitung 28.5.2011.

153 Vgl. Salzgitter-Zeitung 25.8.2011.

einen „Ablasshandel".[154] Nach Antragstellung sollen damit förderungswürdige Projekte unterstützt werden.[155] Die Kleinkunstbühne verzichtete auf finanzielle Förderung, ebenso ein Fußballclub auf 100.000 Euro und die Alevitische Gemeinde „aus ethischen Bedenken" auf 24.000 Euro.[156] Im Leitartikel der Salzgitter-Zeitung wurde u.a. hervorgehoben, dass die Leidtragenden „keinen einzigen Cent aus dem Fonds" bekommen, die Landwirte, „die Probleme haben werden, ihre Gurken an den Mann zu bringen, und die Hausbesitzer, deren Eigentum durch den Imageverlust der Stadt – Atomklo! – massiv an Wert verlieren wird. Sollten Salzgitteraner durch das Endlager krank werden, ist der Fonds ohnehin ein Witz."[157]

Der neu gewählte Rat entsandte in seiner Dezember-Sitzung gegen die Stimmen der Grünen und Linken sowie eines SPD-Fraktionsmitgliedes je 2 Ratsherren von der CDU und der SPD in das neunköpfige Kuratorium der Stiftung. Den Vorsitz hatte und hat der Oberbürgermeister.[158] Im Juni 2012 nahm die Konrad-Stiftung ihre Arbeit auf.[159]

---

154 Vgl. Salzgitter-Zeitung 28.5., 31.5., 3.6.2011.

155 Vgl. Salzgitter-Zeitung 15.12.2011, 21.6.2012.

156 Vgl. Salzgitter-Zeitung 10.5.2014, 10.9.2014.

157 Salzgitter-Zeitung 28.5.2011.

158 Vgl. Salzgitter-Zeitung 15.12.2011.

159 Vgl. Salzgitter-Zeitung 21.6.2012.

21.2 Studie zu Atommülltransporten nach Konrad

Ebenfalls 2011 war das Gutachterbüro „intac GmbH, Beratung-Konzepte-Gutachten zu Technik und Umwelt“, Hannover, vom Rat beauftragt worden, eine von der Gesellschaft für Reaktorsicherheit (GRS) Anfang 2010 vorgelegte Aktualisierung ihrer Atommüll-Transportstudie zu Konrad aus dem Jahr 1991 zu prüfen unter der Prämisse, dass bei den Transporten in das Endlager Konrad die Sicherheit der BürgerInnen im Umkreis von 25 Kilometern sowie die der Beschäftigten gewährleistet sein müsse.

Der Gutachter des in zwei Phasen erstellten Gutachtens kam nach Abschluss der ersten Phase zu dem Ergebnis, dass die GRS-Studie 2010 keine ausreichende Bewertung der Auswirkungen der Abfalltransporte zulasse. Grundlegende Annahmen etwa zu den Grenzwerten für das Radioaktivitätsinventar und damit zur radiologischen Charakterisierung der Abfallgebinde seien nicht abdeckend. Die angewendete Risikoanalyse blende mögliche schwere Unfälle aus und arbeite mit Mittelwertbildung für das Radioaktivitätsinventar und die Ortsdosisleistung. Die angewendete Methodik sei „zwar für die politische Diskussion zur Akzeptanzgewinnung geeignet, aber nicht für die Beurteilung, welche Katastrophenschutzmaßnahmen zu ergreifen sind".[160] Zu fordern sei, dass nicht nach irgendwie berechneten Wahrscheinlichkeiten Schutz- und Vorsorgemaßnahmen zu treffen seien, sondern nach den möglichen Strahlenbelastungen während der Transporte bzw. nach einem Transportunfall. Es sei also auch der schlimmste anzunehmende Fall zu betrachten und nicht wegzumitteln.[161] Auf Grundlage dieser Ergebnisse forderte der Rat in seiner April-Sitzung 2013 mit einem interfraktionellen Antrag das Bundesamt für Strahlenschutz zur Erstellung einer neuen Transportstudie auf.[162]

Ebenfalls 2013, im Oktober, erhielten die Mitglieder des Umwelt- und Klimaschutzausschusses im Rahmen einer Einfahrt in Schacht Konrad aktuelle Informationen über das Projekt. Die dort gewonnenen Erkenntnisse wurden im Mai 2014 durch Erläuterungen von Mitarbeitenden des Bundesamtes für Strahlenschutz im Umwelt- und Klimaschutzausschuss vertieft und diskutiert.[163]

---

160 intac-Gutachten zur Atommüll-Transportstudie der GRS, S. 58.

161 Vgl. Salzgitter-Zeitung 21.9.2012.

162 Vgl. Salzgitter-Zeitung 21.4.2013.

163 Vgl. Salzgitter-Zeitung 8.5.2014.

21.3 Nationales Entsorgungsprogramm (NaPro) 2013/14

Im November 2014 gab es eine eher seltene Übereinstimmung zwischen den Ratsfraktionen, die in eine von allen Fraktionen getragene Resolution mündete. Anlass dazu gab eine Euratom-Richtlinie[164] aus dem Jahr 2011, die die Mitgliedsstaaten der Europäischen Union bis zum 23. August 2015 verpflichtete, ein nationales Programm für die Entsorgung der radioaktiven Abfälle aus der zivilen Nutzung der Atomenergie aufzustellen und der Europäischen Kommission vorzulegen.

Die Bundesregierung legte ihre Vorstellungen für ein „Nationales Entsorgungsprogramm“ (NaPro) in einem Entwurf vom 11. September 2014 dar. Neben Grundlagen zur Entsorgungspolitik, dem Atomausstieg 2022, der Entsorgung in Deutschland mit dem Vorrang tiefengeologischer Formationen, gab es erstmals öffentlich Angaben über die Arten und Mengen radioaktiver Abfälle und auf dieser Basis Aussagen zu Schacht Konrad. Danach sollte *nach* Inbetriebnahme Konrads geprüft werden, ob eine Erhöhung der Konrad-Einlagerungskapazität von genehmigten 303.000 auf

---

164 Europ. Atomgemeinschaft, gegr. 1957 mit dem Ziel der Entwicklung und friedlichen Erforschung von Kernenergie, Schaffung eines gemeinsamen Marktes, Kontrolle der Atomindustrie.

600.000 cbm zur Aufnahme von ASSE-Abfällen und abgereichertem Uran in Betracht kommen könne. Und es wurde an der nicht-rückholbaren, der wartungsfreien Endlagerung festgehalten.

Die Stadt Salzgitter, als vorgesehener Endlagerstandort, betroffen von den Plänen der Bundesregierung, war im Verfahren zur Erstellung des NaPro's nicht beteiligt worden. Erst die Information des beratenden Mitglieds der Arbeitsgemeinschaft Schacht Konrad im Umwelt- und Klimaschutzausschuss, Ursula Schönberger, brachte den Stein ins Rollen, den der Oberbürgermeister aufnahm. Der Rat gab seinem Protest in einer interfraktionellen Resolution Ausdruck. Er forderte in seiner Dezember-Sitzung am 26.11.2014

- die Einbeziehung Konrads in das Endlagersuchverfahren,
- eine ganzheitliche Neubewertung Konrads und seiner nicht-rückholbaren Konzeption nach dem Stand von Wissenschaft und Technik,
- keine Versuche, die Aufnahmekapazität Konrads auszuweiten und
- keine Änderungen der Betriebserlaubnis Konrads, sondern einen Stopp der Konradvorbereitungen.[165]

165 Gemeinsame Resolution der Ratsfraktionen SPD, CDU/FDP, Bündnis 90/Die Grünen, Die Linke und MBS (Mündige Bürger Salzgitters) 3723/16 vom 25.11.2014.

Hatten die CDU und der Oberbürgermeister einem Moratorium für Konrad in der Resolution aus dem Jahr 2011 nicht zugestimmt, so bewiesen sie nun ihre Lernfähigkeit. Auch sie stellten sich dem Stopp der Konradvorbereitungen nicht mehr in den Weg. Ich fand, das war ein guter Tag für Salzgitter.

21.3.1 Einwendung gegen das NaPro

Die Einwendung gegen das Nationale Entsorgungsprogramm wurde durch eine Rechtsanwaltskanzlei unter Einbeziehung eines Sachverständigen zum Stand von Wissenschaft und Technik erstellt und nach Abstimmung mit der Verwaltung am 27.5.2015 dem Bundesumweltministerium zugeleitet. Zentrale Forderung der Einwendung war die Rücknahme des Planfeststellungsbeschlusses. Konrad entspreche nicht mehr dem Stand von Wissenschaft und Technik, sei so nicht erweiterungsfähig. Und Konrad sei überflüssig angesichts des noch zu suchenden Endlagerstandorts für wärmeentwickelnde radioaktive Abfälle, an dem auch nicht nennenswert wärmeentwickelnde Abfälle endgelagert werden könnten. Darüber hinaus wäre die Frage einer Erweiterung Konrads nicht nach, sondern *vor* Inbetriebnahme zu klären.[166]

166 Vgl. Salzgitter-Zeitung 26.6.2015.

Der Oberbürgermeister, den es – erfreulicherweise – an die Spitze des Konrad-Protestes drängte, kündigte an, den Umgang des Bundes mit der Atommüll-Entsorgung im Kreise seiner Amtskollegen zu erörtern und in einem Gespräch mit der Niedersächsischen Landesregierung zu klären, welche Position sie einnehmen würde, wenn es im Fall der Konrad-Erweiterung zu einem Planfeststellungsverfahren kommen sollte.[167]

21.3.2 Öffentlichkeitswirksame Dynamik des NaPros

Die im NaPro dargelegten Pläne der Bundesregierung erzeugten eine starke öffentlichkeitswirksame Dynamik für das Konrad-Projekt.

Bereits im März 2015 hatte die Salzgitter-Zeitung in Zusammenarbeit mit der Stadt Salzgitter ein Leserforum zur Frage „Wie geht es weiter mit Schacht Konrad?“ veranstaltet. Im Rahmen einer Podiumsdiskussion betonte der Staatssekretär im Bundesumweltministerium, Jochen Flasbarth, einst Präsident des sich gegen Konrad wendenden Naturschutzbundes, dass er keine Chance mehr sehe, Konrad als Endlager abzuwenden. Die unsicheren Zwischenlager für radioaktive Abfälle hervorhebend, betonte er, dass der voraussichtliche

167 aaO.

Start der Einlagerung in Konrad 2022 erfolgen würde. Der damalige Niedersächsische Landesumweltminister Stefan Wenzel (Grüne) verwies darauf, dass Konrad erst einmal auf den aktuellen Stand von Wissenschaft und Technik gebracht werden müsse. Der Oberbürgermeister Salzgitters, Frank Klingebiel, verlangte mehr Transparenz und die Vertreterin der Arbeitsgemeinschaft Schacht Konrad, beratendes Mitglied im Umwelt- und Klimaausschuss der Stadt, Ursula Schönberger, zog Parallelen zur ASSE und forderte: „Wir müssen uns dieses Mal viel stärker wehren."[168]

Die Veranstaltung fand in der Aula des Gymnasiums am Fredenberg statt. Sie war bis auf den letzten Platz gefüllt. Bereits vor Beginn der Veranstaltung gaben über 400 Teilnehmende vor dem Schulgebäude ihrem Protest Ausdruck.[169] Darüber hinaus hatten sich die Stadt Salzgitter, die IG Metall, die AG Schacht Konrad und das Landvolk zu einem Bündnis formiert. In kürzester Zeit waren rd. 70.000 Unterschriften gegen die Pläne der Bundesregierung gesammelt und in Berlin übergeben worden.[170]

Das Engagement des Oberbürgermeisters führte zum „Appell der Region", in dem 14 Städte und Gemeinden zwischen Harz und Heide u.a. hervor-

---

168 Vgl. Salzgitter-Zeitung 27.3.2015.

169 aaO.

170 https://www.ag-schacht-konrad.de (Zugriff 10.7.2021).

hoben, dass Schacht Konrad nach dem heutigen Stand von Wissenschaft und Technik als Lagerstätte für Atommüll ausscheide. Sie forderten, auf den Ausbau Konrads zu verzichten, eine ganzheitliche Neubewertung zuzusagen und die Transportstudie zu Konrad überarbeiten zu lassen. Der Appell sollte im Januar 2016 der amtierenden Bundesumweltministerin (SPD) bei ihrem Besuch in Salzgitter übergeben werden. Der Rat der Stadt Salzgitter schloss sich bei zwei Gegenstimmen dem „Appell der Region" an.[171]

Die damalige Bundesumweltministerin Barbara Hendricks (SPD)[172] entgegnete dem Widerstand bei einem Auftritt in Salzgitter im Bewusstsein staatlicher Übermacht, gepaart mit Arroganz und Überheblichkeit: „Ein Protest bis zur letzten Stunde ist zwar berechtigt, aber sinnlos." [173] Welch ein geringschätziger Umgang mit den Ängsten und berechtigten Anliegen der vom Endlager betroffenen Menschen!

---

171 Vgl. Salzgitter-Zeitung 3.12.2015.

172 Bundesumweltministerin von Dezember 2013 bis März 2018 im Kabinett Merkel III.

173 https://www.braunschweiger-zeitung.de/mitreden/antworten/article... 19.01.2016 · Ein Protest bis zur letzten Minute ist berechtigt, aber sinnlos. Zum Thema recherchierte Andre Dolle (Zugriff 2.6.2021).

Ob der Protest sinnlos ist, das bleibt abzuwarten. Es gibt wieder Hoffnung!

Die Umweltverbände BUND und NABU haben einen Antrag auf Widerruf des Planfeststellungsbeschlusses für Schacht Konrad gemeinsam mit dem „Bündnis Salzgitter gegen Konrad"am 27.5.2021 dem derzeit amtierenden Niedersächsischen Landesumweltminister Olaf Lies (SPD) übergeben. Eine Unterschriftenaktion zur Unterstützung der Forderungen von BUND und NABU wurde gestartet.[174]

Die Umweltverbände fordern in ihrem Antrag vom 25.5.2021 das Niedersächsische Umweltministerium über die Kanzlei Rechtsanwälte Günther – Partnerschaft – auf, den Planfeststellungsbeschluss für Konrad zurückzunehmen bzw. zu widerrufen und bis zu einer bestandskräftigen Entscheidung über den vorliegenden Antrag vorläufig anzuordnen, dass sämtliche Ausbauarbeiten zur Errichtung des Endlagers einzustellen sind. Die sofortige Vollziehung dieser vorläufigen Entscheidung sei anzuordnen.

Im Antrag wird u.a. ausgeführt, dass der Langzeitsicherheitsnachweis für Konrad bereits 2002 nicht dem inzwischen erreichten Stand von Wis-

174 newsletter@ag-schacht-konrad.de vom 28.5.2021.

senschaft und Technik entsprochen habe. Es wird u.a. das Fehlen von Betrachtungen zur Rückholbarkeit hervorgehoben, die bei der Entsorgung hochradioaktiver Abfälle vorgeschrieben und auch auf die nicht nennenswert wärmeentwickelnden Abfälle anzuwenden seien. Reversibilität sei nach heutigem Verständnis ein Thema intergenerativer Gerechtigkeit. Sie sei der Erkenntnis geschuldet, dass nicht mehr korrigierbaren Schäden vorgebeugt werden könne und Reversibilität deshalb im Sinne eines generationenübergreifenden Vorsorgeprinzips geboten sei. In diesem Zusammenhang wird die Frage aufgeworfen, ob die frühere Haltung des Bundesverfassungsgerichts zu Art. 20a GG (Umwelt-Staatszielbestimmung) aktuell noch Bestand habe. Art. 20a GG komme heute auch in der Rechtsprechung des Bundesverfassungsgerichts eine wesentlich größere Bedeutung zu, wie insbesondere die aktuelle Entscheidung zum Klimaschutzgesetz gezeigt habe. Die in Art. 20a GG verankerte Verpflichtung zum Schutz der natürlichen Lebensgrundlagen in Verantwortung für zukünftige Generationen statuiere eine justiziable Rechtsnorm, die den politischen Prozess zugunsten ökologischer Belange auch mit Blick auf die künftigen Generationen binden solle. Art. 20a GG dürfe nicht mehr nur als unverbindliches Programm verstanden werden, sondern stelle eine Rechtsnorm dar, die dem Gesetzgeber und auch den übrigen staatlich Handelnden Bindungen aufzuerlegen vermöge.[175]

175 Anlage zum Sonder-Newsletter der Arbeitsgemeinschaft Schacht Konrad vom 28.5.2021.

23 Lust und Frust im Kommunalparlament – Umgang mit Fehlentwicklungen

Entscheidend für meine Ratskandidatur war die Möglichkeit, auf der kommunalparlamentarischen Ebene erneut für eine politische Lösung des Konrad-Projekts eintreten zu können. Der anfängliche Mangel an Bereitschaft einiger Teile im Rat, in Sachen Konrad angesichts der nicht erfolgreichen Klage der Stadt gegen das Projekt noch etwas bewegen zu wollen, hatte mit der Zeit der Bereitschaft Platz gemacht, sich für eine politische Lösung des Konrad-Projektes stark zu machen. Das sichtbar gewordene Scheitern nicht-rückholbarer Entsorgung in der ASSE, das von SPD und Grünen propagierte Ein-Endlager-Konzept, die Empfehlungen des AkEnd und später der Endlager-Kommission, die reversible Entsorgungslösungen empfahl, und nicht zuletzt die auf wissenschaftlichen Argumenten begründeten Forderungen des Konrad-Widerstandes haben sicher nicht unerheblich zum Abbau der Skepsis geführt.

Kann ich insgesamt im Hinblick auf die Neubelebung des Widerstandes gegen Schacht Konrad im Rat der Stadt Salzgitter eine positive Bilanz ziehen, gestaltete sich die Ratsarbeit in anderen Bereichen problematischer, und das Klima im Rat war, was sich bereits in der ersten Ratssitzung abzeichnete, oft unerfreulich. Ausschlaggebend dafür waren in der Regel die unterschiedlichen politischen Zielsetzungen der rot-grünen Ratsmehrheit und die der CDU einschließlich des CDU-Oberbürgermeisters sowie der jeweilige Macht-Anspruch, diese auch durchsetzen zu wollen. Erfolge mussten mühsam in langwierigen Prozessen gegen Widerstände erarbeitet und Niederlagen hingenommen werden, wie ich an einigen Beispielen zeigen will.

23.1 Der Start im Rat

Bereits nach Bekanntwerden der rot-grünen Koalitionsvereinbarung, in der festgelegt worden war, dass die Fraktion Bündnis 90/Die Grünen das Vorschlagsrecht für die Wahl des zweiten Bürgermeisters/der Bürgermeisterin haben sollte, war in der Salzgitter-Zeitung über die Sorge der Christdemokraten berichtet worden, dass die „SPD den CDU-Kandidaten (…) im Rat nicht zum Bürgermeister wählen“ wolle. Führende „CDU-Mannen sprachen von ‘Krieg’.“[176] In der ersten Ratssitzung im November 2011 kam es dann zum Eklat. Ausschlaggebend dafür war die Wahl meines Co-Fraktionsvorsitzenden zum zweiten Bürgermeister Salzgitters. Der Fraktionsvorsitzende der CDU warf der Koalition vor, dass es bei der Besetzung

176 Salzgitter-Zeitung 29.10.2011.

„nicht um Qualität und Erfahrung gegangen“ sei, sondern der Posten sei „einfach für die Erlangung der Ratsmehrheit und zur Ausschaltung eines Konkurrenten für die Landtagswahl 2013 verschachert worden“.[177]

Ich will nicht verhehlen, dass meine Haltung zu dieser Wahl ambivalent war. Nicht, weil sich die CDU auf ungeschriebene Regeln berief, nach der die zweitstärkste Fraktion immer einen Bürgermeisterposten erhalten hatte. Neue politische Konstellationen ziehen Änderungen nach sich. Aber trotzdem, Fairness geht für mich anders. Ich hatte jedoch der Koalitionsvereinbarung zugestimmt, einem Kompromiss aus unterschiedlichen politischen und persönlichen Interessen, die einem nicht alle behagen, aber nicht quer zum politischen Selbstverständnis stehen müssen. Bei der Abwägung zwischen dem Fairnessgebot und der Vertragstreue als Grundlage der Koalition habe ich mich daher für die Vertragstreue entschieden.

Später, beim Rückblick auf die ersten hundert Tage Ratsarbeit, war der Ärger der CDU über die Bürgermeisterwahl noch immer nicht verraucht. Damit sei „gegen gute demokratische Sitte verstoßen“ worden. Eingeräumt wurde aber auch, dass „der Wille zur Zusammenarbeit – auch mit rotgrün“ daran nicht zerbrechen werde. Die CDU/

177 Salzgitter-Zeitung 3.11.2011.

FDP-Fraktion werde „konstruktiv mitwirken, solange es um vernünftige Lösungen und das Wohl der Stadt gehe“.[178] Über die Frage jedoch, wie das „Wohl der Stadt“ definiert wird und wer die Zuständigkeit dafür hat, kam es nicht nur mit der CDU/FDP-Fraktion zu Unstimmigkeiten, sondern auch mit dem Oberbürgermeister, der in seinem Jahresinterview 2012 den Aufschlag dazu machte.[179] Die Salzgitter-Zeitung titelte am 3.1.2012: „Gegenwind im Rathaus verspricht Spannung“. In seinem Interview hatte der Oberbürgermeister die bisherige Arbeit der Koalition als „Machtveranstaltung“ bewertet, den von ihr durchgesetzten Eckdatenbeschluss als Gefahr für den gerade abgeschlossenen Leitlinienprozess, der dem Ziel einer kinder- und familienfreundlichen Lernstadt dienen solle, und das Moratorium zu Konrad als Profilierungsversuch.[180]

In Reaktion darauf verwies die grüne Fraktion auf politische Schwerpunktsetzungen der Koalition. Der Eckdatenbeschluss zum Haushalt sei ein politisches Instrument zur Umsetzung der Vorhaben der Koalition. In ihm drücke sich auch die Gleichrangigkeit des Umwelt- und Klimaschutzes gegenüber andersartigen Priorisierungen des Oberbürgermeisters aus. Das von der Koalition be-

178 Salzgitter-Zeitung 9.2.2012.

179 Vgl. Salzgitter-Zeitung 29.12.2011.

180 Vgl. Salzgitter-Zeitung 3.1.2012.

fürwortete Ziel einer kinder- und familienfreundlichen Lernstadt setze zunächst einmal eine Umwelt voraus, in der ein gesundes Aufwachsen von Kindern möglich sei. Allein im Bereich der Feinstaubwerte habe Salzgitter 2011 im Vergleich zu anderen Kommunen im oberen Bereich gelegen.[181]

Dieser Schlagabtausch zu Beginn der Ratsperiode war dem Klima im Rat nicht dienlich.

23.2 Unstimmigkeiten – Haushalte der Stadt

Zu Unstimmigkeiten im Rat trugen regelmäßig die vom Oberbürgermeister vorgelegten Haushalte bei, über die der Rat zu entscheiden hatte.

2012 lehnte die rot-grüne Koalition mit ihrer Ratsmehrheit eine Beratung über den vom Oberbürgermeister vorgelegten Haushaltsentwurf 2012 ab. Er enthielt zum einen Steuererhöhungen, die die Koalition für die Ratsperiode ausgeschlossen hatte, zum anderen dienten sie nicht dem Schuldenabbau, sondern primär den vom Oberbürgermeister priorisierten Maßnahmen aus dem Leitlinienprozess. Der Oberbürgermeister wurde von der Ratsmehrheit beauftragt, einen neuen Entwurf ohne Steuererhöhungen und ohne eine Neuverschuldung vorzulegen.[182]

---

181 aaO.

182 Vgl. Salzgitter-Zeitung 1.3.2012, 2.5.2012.

Die damalige Rats-Berichterstatterin der Salzgitter-Zeitung bewertete das Verfahren in ihrem Kommentar in einseitiger Parteinahme. Es sei dem Vorsitzenden der CDU/FDP-Fraktion zuzustimmen, dass die Verhinderung einer Diskussion schon im Vorfeld unüblich sei. „Einmal mehr versuchen SPD und Grüne mit Fürsprechern aus anderen Fraktionen ihre neu gewonnene Mehrheit im Rat auszuleben. Machtspiele nennt man das. Zum Wohl der Stadt ist das jedenfalls nicht.“[183] Und ich füge hinzu: „Einseitige Parteinahme – ohne Kenntnis der komplexen Hintergründe – nennt man das.“

2013 widersetzte sich die grüne Ratsfraktion bei der Feststellung des Jahresabschlusses 2011 der Entlastung des Oberbürgermeisters für das Haushaltsjahr 2011. Die Beanstandungen des Rechnungsprüfungsamtes reichten von der nicht eingehaltenen Frist zur Vorlage des Jahresberichts über systematische Fehler bis hin zu Defiziten, die trotz Hinweisen in den Vorjahren nicht oder nur teilweise abgestellt worden waren. Zudem bezweifelte das Amt, dass ein Sonderbudget für Personalmaßnahmen hätte geführt werden dürfen. Die anderen Ratsfraktionen gingen nach dem Laissez-faire-Prinzip, setzten sich über die Beanstandungen des Rechnungsprüfungsamtes hinweg und entlasteten

183 Salzgitter-Zeitung 1.3.2012.

den Oberbürgermeister.[184]

Für das Haushaltsjahr 2014 wurde der Rat, erstmals in der Geschichte der Stadt, mit drei Etat-Entwürfen konfrontiert. Das könnte vor dem Hintergrund der Unstimmigkeiten zwischen rot-grüner Koalition und Verwaltungschef als genialer Schachzug, weniger als freundliche Geste gedeutet werden. Dafür spricht die Begründung für das Vorgehen, das offenbar dem Frust über die Koalition und ihre Haushaltsvorgaben im Eckdatenbeschluss entsprang, die auf die Realisierung von rot-grünen Projekten zielten. Der Oberbürgermeister schlug in seinen drei Varianten ein Abspecken des Eckdatenbeschlusses, die Finanzierung des Haushaltes über Kredite oder den Verkauf von städtischen Anteilen an der Wasser- und Energieversorgungsgesellschaft (WEVG) vor.[185]

Die Koalition bat um Aufschub der Haushaltsberatungen um einen Monat, damit die ehrenamtlich tätigen Fraktionsmitglieder, ohnehin im Nachteil gegenüber der hauptamtlichen Fachkompetenz in der Verwaltung, die sehr kurzfristig eingegangenen Haushaltsbegründungen des Oberbürgermeisters beraten konnten, und die Koalition ggf. selbst einen ausgeglichenen Haushaltsentwurf unter Berücksichtigung des Eckdatenbeschlusses vorlegen

184 Vgl. Salzgitter-Zeitung 20.9.2013.

185 Vgl. Salzgitter-Zeitung 30.11.2013.

konnte. Der Oberbürgermeister lehnte ab.[186] Die rot-grüne Koalition informierte die Öffentlichkeit über den Sachstand der Haushaltsberatungen und forderte den Oberbürgermeister auf, „zur sachlichen und konstruktiven Zusammenarbeit zum Wohle Salzgitters“ zurückzukehren. Er bewegte sich nicht. Die Koalition setzte die Terminverschiebung mit ihrer Mehrheit im Rat durch.[187]

Im Jahr 2015 ging der Prüfbericht des Landesrechnungshofes ein, der das Finanzgebaren der Stadt zwischen 2011 und 2013 hinsichtlich der wirtschaftlichen Voraussetzungen Salzgitters für eine ordnungsgemäße Haushaltsführung und die Grundlagen für die Planung 2015 bis 2017 geprüft hatte. Er kam neben der Kritik, dass die Stadt „nicht alle Möglichkeiten zu Ertragsverbesserungen und Aufwandsminderungen“ überprüfe, zu dem Ergebnis, dass bei der Stadt Ende 2014 „die dauernde Leistungsfähigkeit nicht anzunehmen war“.[188] Gleichwohl fehlte dem Oberbürgermeister und einer Vielzahl von Ratsmitgliedern offensichtlich die Bodenhaftung. Der Bau eines kostenintensiven Mobilitätsmuseums, auf das ich noch eingehe, war gerade noch abgewendet worden, da beschloss der Rat bei Stimmenthaltung

186 Vgl. Salzgitter-Zeitung 21.1.2014.

187 u.a. in der Salzgitter-Woche am Sonntag vom 26.1. und 16.2.2014.

188 Vgl. Salzgitter-Zeitung 25.7., 28.7.2015.

von vier SPD- und CDU-Mitgliedern sowie den Gegenstimmen der grünen Fraktion eine Verwaltungsvorlage, die die Aufnahme eines Darlehens von 34 Millionen Euro für die Umwandlung Salzgitter-Watenstedts in einen Industriepark enthielt. Angesichts der Rüge des Landesrechnungshofes mit dem Hinweis auf die nicht vorhandene finanzielle Leistungsfähigkeit der Stadt setzten CDU/FDP und SPD in einem Änderungsantrag zur Verwaltungsvorlage zumindest durch, dass das Darlehen nur abgeschlossen werde mit ausdrücklicher Zustimmung der Kommunalaufsicht.[189]

Die Kommunalaufsicht, das Niedersächsische Ministeriums für Inneres und Sport, befand in ihrem Schreiben vom 8.6.2016, dass die von der Verwaltung vorgenommene „Differenzierung der vorgesehenen Kreditaufnahmen" nach „Kreditermächtigung zuzüglich Kredite für das Projekt Umbau Watenstedt" mit der Zielsetzung der Haushaltssatzung „nicht (...) vereinbar" sei. Sie halte die im Ergänzungshaushalt „vorgesehene Festsetzung einer gesonderten Kreditermächtigung für ein investives Einzelprojekt für unzulässig". Darüber hinaus verwies die Kommunalaufsicht darauf, dass angesichts der vorläufigen Bilanz zum 31.12.2015 „eine Überschuldung eingetreten ist". Es werde davon ausgegangen, dass „zwischenzeitlich auch der

189 Vgl. Salzgitter-Zeitung 23.7.2015.

Rat (…) über den Eintritt der Überschuldung unterrichtet worden ist“.

23.3 Mobilitätsmuseum

Ein besonders krasses Beispiel für die Bereitschaft zu einer Politik der „lockeren Hand“ durch Teile des Rates und des Verwaltungschefs war für mich bereits zu Anfang der Ratsperiode ein Museumsprojekt.

Die Verwaltung zauberte im Februar 2012 eine Vorlage aus dem Hut, der Oberbürgermeister schwärmte von einem „Leuchtturmprojekt“. In der Fuhseniederung neben dem Schloss Salder sollte für knapp vier Millionen Euro ein Mobilitätsmuseum (Mitam) entstehen, in das zahlreiche Exponate des Alstom-Werksmuseums integriert werden sollten. Die Gutachter der Projektpläne rieten von der Umsetzung des Projektes ab. Im Umwelt- und Klimaschutzausschuss wurde hervorgehoben, dass der „Standort problematisch“, die Wiese Überschwemmungsgebiet der Fuhse sei.[190]

In einer Sondersitzung des Rates am 19.3. wurde mit großer Mehrheit eine Grundsatzentscheidung für den Bau des Museums getroffen. Salder sollte mit finanzieller Förderung des Landes Nie-

---

190 Vgl. Salzgitter-Zeitung 8.3.2012.

dersachsen Standort des Museums werden, die Alstom/LHB-Sammlung sollte vollständig, von der Investitionssumme sollten 5 % übernommen werden. SPD, Linke und MBS sprachen von „einer historischen Chance“. Ich war gegen das Projekt angesichts der nicht erfreulichen Finanzlage der Stadt. Der Kompromiss in der grünen Fraktion bestand in der Ablehnung der Verwaltungsvorlage und Vorlage eines grünen Änderungsantrags, der zunächst eine Befragung der BürgerInnen und eine genauere Kalkulation auch der Folgekosten für das Projekt forderte. Er fand aber keine Mehrheit im Rat.[191]

Bereits vor der Sondersitzung des Rates hatte die grüne Fraktion am 12. März einen Informations- und Diskussionsabend über das geplante Museum durchgeführt, der auf größeres Interesse stieß und sehr viel Kritik an dem Projekt hervorrief. Im Mai erfolgte die Gründung der Bürgerinitiative „ProSal“,[192] die offensiv gegen die Pläne der Stadt vorging.[193]

Das Niedersächsische Ministerium für Wissenschaft und Kultur, geleitet von einer grünen Ministerin, stellte vor einer Entscheidung über die finanzielle Förderfähigkeit des Projektes durch das Land Bedingungen. Neben der Einschaltung

---

191 Vgl. Salzgitter-Zeitung 20.3.2012.

192 Vgl. Salzgitter-Zeitung 28.6.2013, (Historie zum Projekt).

193 Vgl. Salzgitter-Zeitung 8.3.2012.

anerkannter Museumsfachleute sollten der Nachweis überregionaler Relevanz, die wirtschaftliche Tragfähigkeit und die Aussicht einer touristischen Attraktion des Mobilitätsmuseums nachgewiesen werden.

23.3.1 Vom Mobilitätsmuseum zum Industrium

Die Verwaltung beauftragte eine Firma zur Profilschärfung des Projektes. Aus dem Mobilitätsmuseum wurde das „Industrium", aus 4 Millionen wurden 25 Millionen im investiven Bereich. Jährliches Defizit für die Stadt bei 100.000 BesucherInnen: 2 Millionen Euro. Das neue Konzept wurde im Juni der Öffentlichkeit vorgestellt. Die nicht teilnehmende Bürgerinitiative proSal ließ eine Erklärung verlesen, in der der Museumsbau als gesamtstädtisch unverantwortliches Projekt abgelehnt wurde, u.a. aufgrund der hohen Verschuldung der Stadt und einer nachweislich nicht gegebenen betriebswirtschaftlichen Plausibilität. In einem offenen Brief wurde dem Oberbürgermeister vorgeworfen, mit dem als „Illustrium" bezeichneten Projekt „konzeptionslos, bürgerfern und taktierend ein von der hoch verschuldeten Stadt nicht zu finanzierendes Projekt voranzutreiben", und den Ratsmitgliedern, die das Projekt befürwortet hatten, den „Zickzack-Kurs" des

Oberbürgermeisters „geduldet“ und „launische Leuchtturm-Eskapaden“ tatenlos hingenommen zu haben.[194] In der Juni-Ratssitzung informierte der Oberbürgermeister über die Ablehnung der finanziellen Förderung durch das Land. Die „aktuelle Haushaltssituation des Landes (lasse) keine Mitfinanzierung des ‘Industriums’ in der erforderlichen Größenordnung“[195] zu. Eine Fehlentscheidung durch eine Mehrheit im Rat konnte so abgewendet werden. Seitens der Bürgerinitiative wurde hervorgehoben: „Die Entscheidung der Ministerin widerlegt die resignative Auffassung vieler Bürger, dass Politiker und Verwaltungen sowieso machen können, was sie wollen.“[196]

Mit der Aufgabe des Museumsprojektes wurde Schaden von der hoch verschuldeten Stadt Salzgitter abgewendet, wie sich rückblickend im Vergleich zu dem im Juni 2013 mit hohen Erwartungen eröffneten „Paläon“ (auch Forschungs- und Erlebniszentrum Schöninger Speere) bestätigt. Von einer GmbH bis zum 30.6.2019 betrieben, ging es 6 Jahre später, am 1.7.2019, aufgrund hoher Verluste in die Trägerschaft des Niedersächsischen Landesamtes für Denkmalpflege über.[197]

---

194 Salzgitter-Zeitung 25.6.2013.

195 Schreiben der niedersächsischen Ministerin für Wissenschaft und Kultur vom 25.6.2013; vgl. Salzgitter-Zeitung 28.6.2013.

196 Salzgitter-Zeitung 28.6.2013.

197 Forschungsmuseum Schöningen – Wikipedia (Zugriff ▸

23.4 Gleichstellungspolitik in der Stadtverwaltung

Neben einer Politik der „lockeren Hand“ im Finanzbereich und eigenwillig anmutenden Interpretationen im Rechtsbereich erlebte ich auch im Bereich weiblicher Gleichstellung eine eher flexible Handhabung von Rechtsvorschriften. Bei meinem Start 2011 lag der weibliche Anteil im Rat unter 20 %. Kein Wunder, selbst in der grünen Fraktion stieß ich 2011 zunächst auf ein geteiltes Echo mit meiner Forderung, eine männlich-weibliche Doppelspitze in der Fraktionsführung einzuführen. Schließlich einigten wir uns. Ich wurde als einzige Frau in der Fraktion der weibliche Teil der Fraktionsführung.[198] In Übereinstimmung mit unserem Koalitionspartner fand die Regelung Eingang in die Geschäftsordnung des Rates.

Im Unterschied zum freiwilligen kommunalpolitischen Engagement ist die Gleichstellung von Frauen in der Verwaltung allerdings gesetzlich geregelt. 2011 hatte ich festgestellt, dass Salzgitter im Ranking der 79 deutschen Großstädte 2010 den letzten Platz eingenommen hatte: „Der Klassenletzte des Rankings ist die Stadt Salzgitter. Hier sind Frauen in Führungspositionen absolu-

16.3.2021).

198 Vgl. Salzgitter-Zeitung 25.10.2011.

te Mangelware."[199] Grund genug für mich zum Nachfassen.

Zu den gesetzlich geregelten Aufgaben im Bereich der Gleichstellung gehört die Erstellung eines Gleichstellungs-*Planes* für einen dreijährigen Zeitraum, der u.a. Unterrepräsentanzen eines Geschlechts sowie Ziele und Maßnahmen zu deren Abbau aufzuzeigen hat. Seit 2004 war alle 3 Jahre ein Gleichstellungs-*Bericht* mit Ergebnissen aus den eingeleiteten Gleichstellungsmaßnahmen zu erstellen. Der Rat soll damit in die Lage versetzt werden, ggf. steuernd eingreifen zu können.

Eine Anfrage der grünen Ratsfraktion im Oktober 2012 ergab, dass es bei der Stadt Salzgitter keinen aktuellen Gleichstellungs-*Plan* gab. Der Gleichstellungsplan 2012 – 2014 sollte im Juni 2013 – mit 18-monatiger Verspätung – nunmehr dem Rat zur Kenntnis gegeben werden. Im Unterschied zum Oberbürgermeister vertrat die grüne Ratsfraktion die Auffassung, dass der Rat den Plan nicht nur zur Kenntnis zu nehmen hatte, sondern angesichts der mit ihm verbundenen weitreichenden Folgen zu beschließen habe, was in einigen anderen Kommunen ohnehin praktiziert wurde. Zur Klärung der unterschiedlichen Auffassungen wurde die Kommunalaufsicht, das Niedersächsi-

---

199 Zweites Genderranking deutscher Großstädte https://www.boell.de/sites/default/files/zweites_genderranking_deut… (Zugriff 2.6.2021).

sche Innenministerium, eingeschaltet. Nach kommunalrechtlicher Prüfung teilte dieses mit Schreiben vom 2.1.2014 mit, dass der Rat „im Rahmen seiner Richtlinienkompetenz nach § 58 Abs. 1 Nr. 2 NKomVG allgemeine Grundsätze für die Erstellung des Gleichstellungsplanes vorgeben" könne.[200] Das bedeutete somit auch die Vorgabe, den Gleichstellungsplan beschließen zu können.

23.4.1 Gleichstellungsbericht

Im Juli 2014 stellte die Gleichstellungsbeauftragte den seit 2006 nicht mehr dargelegten Gleichstellungs-*Bericht* vor. Er umfasste gleich 8 Jahre (2006 – 2013) statt der rechtlich vorgegebenen 3-Jahres-Zeiträume. Es hagelte deutliche Kritik nicht nur an der Missachtung rechtlicher Vorgaben, sondern an der Arbeit der Gleichstellungsbeauftragten insgesamt, deren Aufgabe u.a. die termingerechte Vorlage des Berichts war. Erst die grüne Fraktion hatte dafür gesorgt „dass gemäß gesetzlicher Vorgabe nun eine lückenlose Berichterstattung seit 2006 gewährleistet sei". Auch wurden der fehlende „rote Faden" im Bericht und eine fehlende „Analyse sowie Schlussfolgerungen" kritisiert.

Der Oberbürgermeister stellte sich vor die Gleichstellungsbeauftragte. Kritik sei an ihn zu

200 Vgl. auch Salzgitter-Zeitung vom 11. und 12.2., 20.2.2014.

richten, denn er habe das Ganze abgesegnet.[201]

Es ist zwar nobel, und im Rahmen der Fürsorgepflicht auch Aufgabe eines Arbeitgebers, Mitarbeitende in Schutz zu nehmen, doch hier wirkte es schräg. Die Gleichstellungsbeauftragte hat eine Sonderstellung in der Verwaltung. Ihr Job bedeutet Eigenverantwortlichkeit und Eigenständigkeit, auch gegenüber dem Hauptverwaltungsbeamten. Versteht eine Gleichstellungsbeauftragte ihre Position hingegen verwaltungsimmanent statt im kritischen Gegenüber zur Verwaltung und dem Verwaltungschef, so ist das zwar für Letzteren einfacher, für den Job einer Gleichstellungsbeauftragten ist sie aber nicht die richtige Wahl. Unverständlicherweise konnte sich die SPD nicht zur Abwahl der Gleichstellungsbeauftragten durchringen.

23.4.2 Gleichstellungsplan – Stellenausschreibungen

Durch die Vorlage des Gleichstellungs-*Planes* 2012 – 2014 waren mittlerweile die erheblichen Unterrepräsentanzen von Frauen in den Führungspositionen der Stadt offenbar geworden. Selbst auf der Ebene der Fachgebietsleitungen standen damals 14 Frauen 38 Männern gegenüber. Offensichtlich war es für Frauen in der Stadtverwaltung schwierig, in

201 Vgl. Salzgitter-Zeitung 18.7.2014.

Führungspositionen zu kommen. Diese Sachlage führte dazu, dass die rot-grüne Koalition im Rahmen der vom Niedersächsischen Innenministerium bestätigten Richtlinienkompetenz des Rates einen Ratsantrag einbrachte mit dem Ziel, dass Leitungspositionen in der Stadtverwaltung „in der Regel extern“ auszuschreiben sind.

Diese Vorgabe verstand der Oberbürgermeister wieder einmal als Eingriff in seine Entscheidungskompetenzen und ließ sie kommunalrechtlich prüfen mit dem Ergebnis, dass das Niedersächsische Innenministerium mit Schreiben vom 14.7.2014 keinen „kommunalrechtlichen Hinderungsgrund“ für die Ratsvorgabe sah. Der Rat greife nicht in die Rechtsstellung des Hauptverwaltungsbeamten ein. Die vom Rat beschlossenen Vorgaben „bewegen sich sämtlich innerhalb der Richtlinienkompetenz des Rates“. Zudem solle die externe Ausschreibung nur „in der Regel“ erfolgen.[202]

Die Vorgabe der „in der Regel externen Ausschreibung“ wurde in den mittlerweile vorliegenden Gleichstellungsplan 2015 – 2017 aufgenommen. Nun versagte der Personalrat dem Plan bei Beibehaltung dieser Ausschreibungsvorgabe die Zustimmung. Sie berge Nachteile für städtische Bedienstete.[203] Die Befürchtungen aufnehmend präzisierte die rot-grüne Koalition ihren Antrag

202 Vgl. auch Salzgitter-Zeitung 25.9.2014.

203 Vgl. Salzgitter-Zeitung 9.4.2015.

dahingehend, dass im Rahmen einer vorherigen Absprache zwischen Oberbürgermeister, Personalrat und Gleichstellungsbeauftragter auf eine externe Ausschreibung verzichtet werden könne, wenn intern geeignetes Personal zur Verfügung stehe.

Durch die Stimmungsmache Andersdenkender sowie das Abstimmungsverhalten ewig Gestriger im Rat konnte dem so geänderten rot-grünen Antrag in der Ratssitzung im März 2015 und damit der weiblichen Gleichstellung nicht zum Erfolg verholfen werden. Zwei Mitglieder aus der SPD-Fraktion stimmten in geheimer Abstimmung gegen den Antrag und damit nicht nur gegen die SPD, sondern gegen die Koalition.[204] Es gibt Sternstunden in einem Rat, wenn Entscheidungen in Übereinstimmung mit allen Fraktionen erfolgen. Für die Gleichstellung der Geschlechter gab es diese im März 2015 nicht.

Im Unterschied zu irritierenden, oft frustrierenden Erfahrungen im Bereich der Finanz- und Rechtspolitik gab es aber auch Lichtblicke. Dazu gehörten u.a. die Regelungen zu den Sozialbestattungen und der dezentralen, getrennten Unterbringung von AsylbewerberInnen und Obdachlosen, die allerdings in langwierigen Prozessen mühsam gegen Widerstände erarbeitet werden mussten.

---

204 Vgl. Salzgitter-Zeitung 25.3.2015.

23.5 Sozialbestattungen

In meinem persönlichen Umfeld hatte ich erlebt, dass ein Mensch, der in Salzgitter gelebt, Steuern gezahlt und diese Stadt als seine Heimat empfunden hatte, nach seinem Tod als reiner Kostenfaktor betrachtet und abgeschoben wurde. Die Stadt war im Rahmen kommunaler Pflichtbestattungen für die Bestattung von Menschen zuständig, bei denen keine finanziellen Mittel für die Beerdigung vorhanden waren. Diese Menschen wurden aus Kostengründen nicht in Salzgitter bestattet, sondern ihre Bestattung wurde in Form einer Feuerbestattung im preiswerteren Kabelsketal in Ostdeutschland anonym durchgeführt. Trauernde hatten angesichts der Anonymität und in der Regel meist ebenfalls knapper finanzieller Mittel nicht die Möglichkeit, den Bestattungsort in Ostdeutschland aufzusuchen.

Aufgrund dieser Erfahrung setzte sich die grüne Fraktion für eine Beendigung dieser über Jahre bestehenden inhumanen Praxis ein. Die CDU lehnte unsere Initiative jedoch mit Hinweis auf die klamme Finanzlage der Stadt ab. Bei „etwa 100 Fällen“ würden „zusätzliche Kosten von rund 14.000 Euro“ entstehen, rechnete sie vor.[205] Auch der grünen Fraktion war bekannt, dass die Ver-

205 Salzgitter-Zeitung 4.7.2012.

waltung verpflichtet ist, kostensparend und wirtschaftlich zu handeln, doch wir gewichteten die bei einer Abwägung einzubeziehenden humanen Aspekte stärker.

Unsere Argumente zeigten Wirkung bei der CDU. Einige Monate später erfolgte ein einstimmiger Ratsbeschluss zur Neuregelung kommunaler Bestattungspraxis. Menschen, die in Salzgitter gelebt hatten, sollten nun grundsätzlich in der Stadt bestattet werden, wenn es keine abweichende Willensbekundung gegeben hatte. Die Namen der Bestatteten sollten erhalten bleiben, etwa durch eine Tafel mit Namenshinweisen an einem größeren Grabfeld oder in einer anderen würdigen Form, sofern keine anonyme Bestattung gewünscht wurde.[206]

23.6 Konzept dezentraler Unterbringung Asylsuchender und Obdachloser

Im Sommer 2012 sah eine Verwaltungsvorlage vor, AsylbewerberInnen und Obdachlose künftig nicht mehr getrennt, sondern gemeinsam in zentralen Unterkünften wohnen zu lassen. Für mich angesichts der Personenkreise ein fragwürdiges, weil sicher konfliktreiches Unterfangen. Zudem bestand in Fachkreisen die Auffassung, AsylbewerberInnen

206 Vgl. Salzgitter-Zeitung 1.12.2012.

nicht zentral, sondern in Wohnungen im Stadtgebiet unterzubringen, damit die gesellschaftliche Einbindung gefördert und eine Stigmatisierung der Personengruppe verhindert werden könnte.

Meine Initiative dazu im Sozialausschuss wurde in einem rot-grünen Antrag weitergeführt mit einem Prüfauftrag an die Verwaltung, ob und wie eine dezentrale Unterbringung möglich sei und welche Kosten entstehen würden.[207] Aus Initiative und rot-grünem Antrag wurde erfreulicherweise schließlich ein gemeinsamer Antrag aller Ratsfraktionen für eine dezentrale, getrennte Unterbringung der genannten Personenkreise, den der Rat in seiner Sitzung am 16.7.2014, zwei Jahre nach dem Start meiner Initiative, beschloss.[208] Es bewahrheitete sich: „Geduld ist bitter, aber ihre Frucht schmeckt süß.“ (Jean-Jacques Rousseau)

207 Vgl. Salzgitter-Zeitung 28.12.2012.

208 Ratsvorlage 3154/16.

24 Das Ende der rot-grünen Koalition 2015

Bedauerlicherweise hielt die rot-grüne Koalition nicht bis an das Ende der Ratsperiode. Die grüne Fraktion sah sich gezwungen, die Zusammenarbeit mit der SPD im April 2015 vorzeitig aufzukündigen. Bis Ende 2014 war die Koalition eine Erfolgsstory gewesen. Unterschiedliche Auffassungen und Unstimmigkeiten konnten in der Regel nach Abwägung möglicher Optionen einer pragmatischen Lösung zugeführt werden.

Bereits in einer ersten Bilanz unserer gemeinsamen Arbeit, zu der die Salzgitter-Zeitung unter dem Stichwort „Hundert Tage rot-grüne Koalition" eingeladen hatte, konnten wir auf über 50 Anträge und Anfragen u.a. zu den Themen Klimaschutzkonzept, Verzicht auf Herbizide bei der Grünpflege, Nein zu Konrad, Elternbefragung für eine zweite Integrierte Gesamtschule in Salzgitter-Bad, Schulsozialarbeit, Nachmittagsbetreuung an Grundschulen, Jugendparlament, Familienhebammen, Integrationskonzept, Modernisierung Hallenbad Lebenstedt verweisen.[209]

Die komfortable Ratsmehrheit ermöglichte ohne Erhöhung von Grund- und Gewerbesteuern die Umsetzung unserer Anträge. Der Umweltbe-

209 Vgl. Salzgitter-Zeitung 9.2.2012.

reich wurde gestärkt durch die Einrichtung eines Umwelt- und Klimaschutzausschusses[210], die Wiedereinführung der Umweltberichte[211], die Erstellung eines Klimaschutzkonzeptes[212], den Bau einer Photovoltaikanlage auf der Mülldeponie Diebesstieg[213], den Umstieg der Kommune auf Ökostrom, die Erstellung eines Kleingarten-Entwicklungsplans, den Verzicht auf den Einsatz von Herbiziden bei der Grünpflege, Anfragen zur Belastung der Fuhse[214]. Auch die Einrichtung eines Jugendparlaments, den Umbau des Hallenfreibades Lebenstedt, eine Toilettenanlage am Salzgittersee und eine Hundeauslaufwiese, ebenfalls am See, und vieles mehr konnten wir als rot-grüne Erfolge verbuchen.

Besonders erfreulich war, dass Konrad wieder auf die Agenda gebracht werden konnte, verbunden mit einem Meinungsumschwung, der einer rückholbaren Entsorgung radioaktiver Abfälle und einem Stopp des Konrad-Projektes den Vorrang gab.

Seit dem Wechsel im Fraktionsvorsitz der SPD Mitte März 2014 wurden jedoch Vereinbarungen aus dem Koalitionsvertrag nach und nach aus-

210 aaO.

211 Vgl. Salzgitter-Zeitung 6.9., 20.9.2013, 25.3.2015.

212 Vgl. Salzgitter-Zeitung 22.1.2013, 5.6., 19.7.2014.

213 Vgl. Salzgitter-Zeitung 5.9., 8.11.2013, 6.2., 5.10.2014.

214 Vgl. Salzgitter-Zeitung 5.12.2013, 4.12.2014.

gehöhlt. Wir hatten u.a. festgelegt, dass Abstimmungen im Rat „grundsätzlich einvernehmlich“ stattfinden sollten und Unstimmigkeiten möglichst „im Vorfeld durch eingehende Beratungen im Koalitionsausschuss“, der vierteljährlich und bei Bedarf zusammentreten sollte, ausgeräumt werden. Im Unterschied dazu hielten Alleingänge und Vorentscheidungen im Verein mit CDU und CDU-Oberbürgermeister verstärkt Einzug in die politische Praxis der SPD-Führung. Zuletzt besonders deutlich bei der fehlenden Einbeziehung des grünen Koalitionspartners in die Planungen zur Fusion mit der Gemeinde Liebenburg, von denen die grüne Fraktion aus der Zeitung erfuhr. Am 14.3.2014, also gut 12 Monate vor Aufkündigung der Koalition, hatte die letzte Sitzung des Koalitionsausschusses stattgefunden. Danach wurden Termine seitens der SPD abgesagt und keine neuen Zeitfenster eingeräumt. Die Verlässlichkeit bei Abstimmungen im Rat und seinen Gremien bestand nicht mehr, wie die beschriebene Abstimmung zur vorrangig externen Ausschreibung von Stellen im Leitungsbereich in der März-Ratssitzung 2015 besonders deutlich aufzeigte.[215]

Die Salzgitter-Zeitung titelte: „Die Grünen machen Schluss – Die Koalition im Rat Salzgitter ist zerbrochen …“. Der SPD-Fraktionsvorsitzende

---

215 Vgl. Salzgitter-Zeitung 22., 23., 25.4.2015.

wies die vor allem in seine Richtung weisende Kritik zurück mit dem Hinweis, dass er sich „keinen Maulkorb verpassen“ lasse und mit allen Fraktionen rede. Künftig müsse sich die SPD nun ihre Mehrheiten suchen und noch mehr Gespräche führen: „Das ist ja auch nicht schlecht.“[216]

Der Ratsberichterstatter der Salzgitter-Zeitung hob in seinem Kommentar unter dem Titel „Fatales Ende einer Polit-Hochzeit“ hervor, dass es „schon länger im Gebälk beim einstigen Polit-Ehepaar Rot-Grün“ geknirscht habe. Bereits im Sommer 2014, als die von der „Koalition angegangenen Fusionsgespräche mit den Kreisen Hildesheim und Peine von der SPD einseitig abgesagt wurden[217], im Frühjahr 2015 die „Chefposten-Blutgrätsche, dann die Liebenburg-Ohrfeige“. Im Ergebnis stellte er fest, dass die „stillose Scheidung“ die Grünen Renomee und Einfluss kosten würde. Sie drohten zum „eigenen Scheidungsopfer“ zu werden.[218]

Dieser Kommentar offenbart für mich ein merkwürdiges Politikverständnis, denn Opfer kann nur sein, wer sein Selbstverständnis aufgibt und sich zum Spielball der Interessen anderer machen lässt. Grundlage einer Koalition ist Vertrauen. Kann dieses Vertrauen durch einseitige, nicht abgesprochene Maßnahmen oder Alleingänge einer Seite nicht

---

216 Vgl. Salzgitter-Woche am Sonntag 25.4.2015.
217 Vgl. Salzgitter-Zeitung 24.10., 29.11.2013, 27.3.2014.
218 Vgl. Salzgitter-Zeitung 22.4.2015.

mehr vorausgesetzt werden, ist die Grundlage der Koalition nicht mehr vorhanden. Eine Aufrechterhaltung der Koalition gerät zur Farce, wenn ihr einziger Zweck der Machterhalt geworden ist, und der unterlegene Koalitionär beschädigt sich selbst, wenn er dies duldet und in der Koalition verbleibt.

25 Strukturelle Präjudizierung von Unstimmigkeiten

Ein Ratsmandat bietet die Möglichkeit zur Mitgestaltung des Lebensumfeldes, es verpflichtet aber auch zur Kontrolle der Verwaltung, die erschwert wird, wenn Ziele und Vorhaben von Rat und Verwaltungschef wenig kompatibel sind. Dabei ließe sich eine Reihe von Unstimmigkeiten sicherlich bei einer umsichtigen und klugen Verwaltungsführung vermeiden, denn die Zuständigkeiten für die unterschiedlichen Organe einer Kommune sind in der Niedersächsischen Gemeindeordnung im Grundsatz geregelt. Der von den BürgerInnen auf Zeit gewählte hauptamtliche Oberbürgermeister ist Chef der Verwaltung und qua Amt Mitglied des Rates mit allen Mitgliedschaftsrechten. Ihm obliegt die Entscheidungsgewalt in den sogenannten Bundesauftragsangelegenheiten und im Rahmen der Geschäfte der laufenden Verwaltung u.a. in Angelegenheiten der Organisation und Geschäftsverteilung der Verwaltung sowie des Personals.

Der auf 5 Jahre von den BürgerInnen der Stadt gewählte Rat ist im Verhältnis zu den beiden anderen Organen der Kommune, dem Oberbürgermeister und dem Verwaltungsausschuss, das Hauptorgan. Seine Aufgabe ist es, das Verwaltungsgeschehen zu kontrollieren. Er ist oberste Dienstbehörde der Beamten, hat ein Auskunfts-

und Untersuchungsrecht, entscheidet über den Haushalt, die Jahresabrechnung sowie die Entlastung des Oberbürgermeisters und vieles mehr. Im Einzelfall oder durch die Hauptsatzung kann sich der Rat Entscheidungen in Angelegenheiten vorbehalten (Richtlinienkompetenz), für die der Verwaltungsausschuss bzw. im Bereich der laufenden Verwaltung der Oberbürgermeister zuständig ist.

Der Verwaltungschef ist durch die demokratische Wahl der BürgerInnen einer Kommune und angesichts seines großen eigenständigen Kompetenzbereiches mit einer sehr großen Machtfülle ausgestattet, in den der Rat jedoch im Rahmen seiner Richtlinienkompetenz eingreifen kann. Damit sind Unstimmigkeiten zwischen beiden Organen, etwa bei Inanspruchnahme der Richtlinienkompetenz durch den Rat, auch strukturell präjudiziert. Für einen ambitionierten Amtsinhaber ist es sicher nicht einfach, sich den Zielsetzungen einer Ratsmehrheit beugen zu müssen, statt eigenen Prioritäten folgen zu können.

26 Eingleisigkeit / Zweigleisigkeit?

Die sogenannte eingleisige Struktur an der Spitze der Kommune mit der Wahl des Verwaltungschefs durch die BürgerInnen hatte die SPD mit der am 1.11.1996 in Kraft getretenen Niedersächsischen Gemeindeordnung gegen die Stimmen der Landtags-Fraktionen CDU und Bündnis 90/DieGrünen mit der Mehrheit von einer Stimme eingeführt. Die Wahl eines Bürger-/Oberbürgermeisters oder einer Bürger-/Oberbürgermeisterin durch die BürgerInnen stärke als eine direktdemokratische Komponente die Mitwirkungsrechte der BürgerInnen. Vorbehalte gegenüber der Eingleisigkeit erhob vor allem die CDU, die sich um die Machtbalance zwischen dem Verwaltungschef und dem Rat zu Lasten des Letzteren sorgte.

Meine Erfahrung zeigt, dass die Sorge nicht unberechtigt war. Sind die Ziele und Vorhaben von Rat und Verwaltungschef nicht kompatibel und ist eine Verständigung nicht möglich, ist der Rat gehalten, seine Richtlinienkompetenz einzusetzen oder z.B. im Bereich des Haushalts über einen Eckdatenbeschluss seine politischen Vorhaben auch unter Inkaufnahme von Unstimmigkeiten durchzusetzen.

Vor 1996 bestand eine zweigleisige Struktur an der Verwaltungsspitze. Der/Die Verwaltungschef/-in wurde vom Rat berufen, war Chef/Chefin der Kommune, die er/sie zugleich auch rechtlich nach außen vertrat. Dem Bürger-/Oberbürgermeister bzw. der Bürger-/Oberbürgermeisterin als ehrenamtlichem Vorsitzenden bzw. ehrenamtlicher Vorsitzenden des Rates kam nur die repräsentative Vertretung der Kommune zu.

Kritisiert an dem Modell wurde die parteipolitische Bindung des von der Ratsmehrheit Berufenen, die häufig eine zu starke parteipolitische Einflussnahme auf die Kommunalpolitik zur Folge hatte.[219] Hierbei wird allerdings übersehen, dass auch im Modell der „Eingleisigkeit" der/die von den BürgerInnen gewählte Verwaltungschef/-in parteipolitische Bindungen zu der Ratsmehrheit haben kann. Die parteipolitische Bindung oder Affinität zur Politik einer im Rat vertretenen Partei wird daher eine wesentliche Bedeutung behalten.

Es wird wohl schwerlich eine optimale Lösung für die Konstruktion an der Spitze einer Kommune geben. Für mich ist die Wahl des/der Verwaltungschefs/-chefin, durch die BürgerInnen die schlechtere Variante. Die Position des Rates, der mit seinen ehrenamtlich tätigen Mitgliedern gegenüber der Verwaltung ohnehin im Nachteil ist, wird geschwächt, oder bei einer starken, weniger konfliktscheuen Ratsmehrheit und divergierenden politischen Auffassungen zwischen ihr und

219 https://www.politische-bildung.de/niedersachsen/kommunalordnung (Zugriff 24.3.2021).

dem/der Verwaltungschef/-in sind Unstimmigkeiten vorprogrammiert.

Die sinnvollere Variante scheint mir die Zweigleisigkeit zu sein mit einem/einer Verwaltungsbeamten/-beamtin und einem Verfahren, in dem nach öffentlicher Ausschreibung und Auswahl von 3 BewerberInnen durch einen Ratsausschuss dem Rat 3 BewerberInnen zur Abstimmung vorgelegt werden. Der Rat ernennt einen Kandidaten oder eine Kandidatin befristet für einen bestimmten Zeitraum mit möglicher Wiederwahl. Der/Die Verwaltungschef/-chefin vertritt die Stadt rechtlich nach außen und in den Gremien. Der gewählte Bürger-/Oberbürgermeister ist ab einer bestimmten Gemeindegröße hauptamtlich tätig und wird so nicht zum „Grußonkel" bzw. zur „Grußtante" degradiert. Er/Sie vertritt den Rat in seiner politischen Funktion nach außen. Die politische Repräsentanz wird in diesem Modell aufgewertet und von der Verwaltungsvertretung getrennt.

Hoffnungen – Erfolge – Niederlagen

30 Jahre politisches Engagement auf der zivilgesellschaftlichen, politischen und kommunalparlamentarischen Ebene gegen ein Atommüllendlager Schacht Konrad und im Rahmen der Ratsarbeit gegen Entwicklungen, die ich für falsch hielt.

In dieser Zeit habe ich erlebt, welch kurze Halbwertzeiten die Aussagen manch politischer EntscheidungsträgerInnen zu Schacht Konrad hatten und wie damit das in ihre Integrität gesetzte Vertrauen enttäuscht wurde. Ich war und bin entsetzt über die Hybris von VolksvertreterInnen, die, auf eine begrenzte Zeit gewählt, trotz Alternativen Entscheidungen für grundlegend irreversible Projekte treffen, die sie in ihren Folgen und Gefährdungen für Mensch und Umwelt nicht abschätzen können und die ihren Verantwortungsradius übersteigen. Es hat mich mit Bitterkeit erfüllt, dass Verwaltungsverfahren zur Farce gemacht, juristische Verfahren angesichts der Anwendung nur formaler Kriterien ihres Sinnes entleert worden sind und damit das Vertrauen in den Rechtsstaat beschädigt wurde. Und ich war erstaunt über Verwaltungs- und Ratsentscheidungen, bei denen finanzielle Grenzen zum vermeintlichen Wohl der Stadt gestreckt, bei Versäumnissen das Laissez-faire-Prinzip zur Anwendung kam und Rechtsvorschriften fehlinterpretiert wurden. Trotzdem, und auch gerade deshalb, haben mich diese Erfahrungen darin bestärkt, Menschen für eine Kandidatur in einem Ratsparlament Mut zu machen. Die Möglichkeit der Mitgestaltung des Lebensumfeldes ist ein Gewinn und die Kontrolle der Verwaltung notwendig.

Es gab Zeiten aufkommender Resignation und die Überlegung aufzugeben. Ich rappelte mich wieder auf. Geholfen hat mir dabei der Gedanke, dass ich mit meiner Aufgabe denen das Feld überlassen würde, deren Einsichten und Pläne ich nicht für akzeptabel hielt, sowie der Austausch mit Menschen, die ebenfalls gegen Schacht Konrad engagiert waren und sind. Eine weitere tragfähige Grundlage für ein Weitermachen war auch die Erfahrung, dass die Kraft der Argumente Einsichtsfähigkeit möglich gemacht, Veränderungen bewirkt hatte und neue Hoffnung freisetzen konnte.

30 Jahre politisches Engagement, 30 Jahre ein Wechselbad der Gefühle. Eine Zeit, geprägt durch Hoffnungen und Erfolge, die ein Gefühl von Stolz hinterlassen haben, auch darauf, weder faule Kompromisse eingegangen zu sein, noch mich verbogen zu haben. Aber auch eine Zeit voller Enttäuschungen und Niederlagen, die auszuhalten waren.

Und trotzdem würde ich diesen Weg wieder gehen.